"石头山寨"

扶贫队长的日记

吴清健◎著

全国百佳图书出版单位
APUTIME 时代出版传媒股份有限公司
黄山书社

图书在版编目(CIP)数据

"石头山寨"扶贫队长的日记 / 吴清健著. —合肥：黄山书社,2020.12

ISBN 978-7-5461-9470-7

Ⅰ.①石… Ⅱ.①吴… Ⅲ.①扶贫-概况-歙县 Ⅳ.①F127.544

中国版本图书馆 CIP 数据核字(2020)第 253455 号

"石头山寨"扶贫队长的日记

SHITOU SHANZHAI FUPIN DUIZHANG DE RIJI

吴清健 著

出 品 人 贾兴权

责任编辑 周振华

责任印制 李晓明 李 磊

装帧设计 钱 昆

出版发行 黄山书社(http://www.hspress.cn)

地址邮编 安徽省合肥市蜀山区翡翠路 1118 号出版传媒广场 7 层 230071

印 刷 永清县晔盛亚胶印有限公司

版 次 2020 年 12 月第 1 版

印 次 2023 年 6 月第 2 次印刷

开 本 700 mm × 1000 mm 1/16

字 数 230 千字

印 张 19

书 号 ISBN 978-7-5461-9470-7

定 价 68.00 元

服务热线 0551-63533706

销售热线 0551-63533761

官方直营书店(https://hsss.tmall.com)

序

深秋的一天,忽然接到清健同志打来电话,说是组织上让他把驻村工作 3 年来的日记整理一些,出本书,现初稿已拿出,书名为"'石头山寨'扶贫队长的日记",请我为他做个序。我意欲推辞,他却容不得我解释,且很快就把书稿拿给了我。我喜欢读他的习作,翻阅书中百余篇日记,这些内容一下子把我带进了他三年多来,在省级贫困村歙县昌溪乡万二村扶贫的日子……

清健同志是战斗在脱贫攻坚第一线的第一书记、扶贫队长。他是在习近平总书记亲自部署脱贫攻坚战的新形势下,积极响应党的号召,愉快地接受任务,从市社科联副主席(现为二级调研员)任上赴万二村任职开展扶贫工作的。

清健同志是我的老熟人,早在二十世纪八十年代末,他从省重点中学屯溪一中调至黄山日报社从事新闻工作,一干就近 20 年。从他采写发表的文章可以看出，他的政治敏锐性很强，勤奋踏实，文字功底扎实。他很快成为报社的“名记”，从普通记者到记者部主任再到副总编，一路见其成长，我由衷为他点赞。之后他被调至市委政研室，再到市社科联，无论在哪里任职，他都跟文字打交道，品质见升，功夫见长，是个真正的“文人”，也一直是个忙人，我也常常见其文而少见其人。他赶上了一个脱贫致富奔小康的新时代，就是这样一个“秀才”，在2017年5月告别了城市的霓虹灯，身披山村的霞光，被组织上派到了一个省级贫困村任党总支第一书记、扶贫工作队队长！就是这样一个文人，在短短的驻村工作一年时间，同样以其敏锐的眼光，奇迹般发现并发掘出一个“徽州布达拉宫”！更以踏实的努力和咬定青山不放松的韧劲，把那个他亲自取名“徽州布达拉宫”的石头山寨万二村，一个原本“藏在深山人未识”的小山村，一下给推了出去，很快成为了远近闻名的旅游“网红村”。

正因此，2019年5月，我和市人大退下来的几位老同志一道，慕名前往万二村调研，真切地看到了清健同志带领村民走旅游扶贫乡村振兴之路，给这个地处深山腹地的万二村带来的改变。这是绿水青山正在迈向金山银山的改变，更看到了村民的精神面貌的变化：充满信心、志存高远写在他们脸上。从清健同志始终以充满激情的状态，如数家珍地为我们讲解介绍中，我们能深切地感到他来万二扶贫是真正地沉下去了，把身心融进了这个村子，也融入了村民中。他把万二村当作了自己的家，把万二村民当作了“自家人”。三年里，他带领着他的扶贫工作队队员，发挥万二村党总支战斗堡垒和全体党员先锋模范作用，坚持真扶贫、扶真贫，致力创新，拓展市场，走出去，引进来，为万二村闯出了一条旅游扶贫之路。这条道路之于万二,实际上就是一条全新的能给万二村村集体和广大村民带来长远稳定收益的产业发展之路!

今年脱贫攻坚决胜收官,万二村正在取得新的脱贫攻坚成果。我觉得清健同志的这本日记,应该是一项见证性成果。什么叫精准扶贫?万二村扶贫的精准着力点在哪里?如何实施精准扶贫?读了清健同志的扶贫日记,我看到了令人欣慰而信服的答卷。谢谢清健同志如此用心用情用力!

是为序。

中共黄山市委原常委、常务副市长
黄山市人大常委会原副主任　　鲍小如

2020 年 11 月 2 日于屯溪

目　录

2017 年篇

2018 年篇

2019年篇

2020 年篇

2017年篇

（一）
第一次走进我的扶贫村

4月27日 晴

今天，我作为安徽省第七批选派帮扶干部之一，随同市里一起下派的其他21位副县级以上帮扶干部和歙县的3位副县级党政领导干部，一起来到歙县县政府集中，随后我们各自分赴要去帮扶的贫困村。这是市委的统一安排，赶在五一前到位。

我扶贫村的歙县昌溪乡党委书记方锦卫亲自赶到县里来接我。方书记看上去热情大方，他向我简单介绍了我所要去工作的贫困村的情况。随后他开车带上我，在蜿蜒曲折的山区公路行驶了大约一个钟头，终于赶到了昌溪乡政府所在地，看上去是一个山清水秀的地方。

到了乡里后，方书记已安排万二村党总支书记和村委会主任以及原先的万二村扶贫工作队队长到离昌溪乡政府所在地约5公里万二村村委会所在地。这是一个大山尽头的村子，四面环山，山林茂密，是个至今尚未脱贫出列的省级贫困村,村子是由原先两个行政村合并而成的,现有 8 个村民组 600 多户 1600 多人,2014 年建档立卡贫困户 92 户 292 人,至今仍有 40 多户 80 多人没有脱贫,这是我们今后扶贫的主要对象。

跟村里干部边走边聊,了解到这个村历史上农业生产以茶叶、菊花和油菜为主,由于地处大山深处,极少的耕地,几乎见不到山外四处都有的水田。目前,几个高山村民组的村民有很多都搬到了山下居住,有的搬到了乡政府所在地的昌溪村。这真是一个可以称作穷乡僻壤的地方,而村集体经济几乎为零,也就是个“空白村”! 从实际情况来看,这个村要发展工业几乎不可能,而发展传统的农业也是增效难度很大。虽然贫穷落后,但是,初来乍到,我觉得这个村子依旧保持着过去的模样,是在山坡上依山而建的歙南山村。在土地奇缺的山里,依山就势垒起的高大石塝、石阶和 200 多幢民宅成规模的村庄,看去跟山外的村子完全不一样,很有特点,也很让人震撼! 我想,到这里扶贫,能不能就靠着这个,在旅游上做做文章。这也许是我今后在扶贫中要考虑的。

（二）
在乡党政工作会议上的表态

5月2日　晴

五一假期一结束，我及时赶到乡里。今天是驻村扶贫的第二天，恰逢乡里召开党政工作会议。会议内容是贯彻县里召开的扶贫工作会议精神，并在会上宣读了昌溪乡关于“重精准、补短板、促攻坚”的专项整治工作通知。这实际上是一个当前扶贫工作的动员会。

作为刚刚到来的市里下派的扶贫干部，乡党委书记方锦卫客气地把我请到了主席台上就座。方书记在向参加会议的乡、村干部介绍了我的基本情况后说：“第一书记到来后，要抓好党的基层组织建设，找准发展路子，落实帮扶措施，发展集体经济，促进脱贫致富；贫困村的其他扶贫队员一定要配合、协助、支持好第一书记做好各项工作。”

随后方书记让我作一个表态发言。我说：“能被组织上安排到这样一个山清水秀、人杰地灵的地方来任驻村第一书记和扶贫工作队队长,我十分荣幸。初来乍到,我还摸不着锅灶,前几天初到村里,看到村子的现状,感到扶贫工作任务艰巨!今后的几年里,一是我要在乡党委政府的领导下,在联村乡干和村'两委'的共同支持配合下,开展好扶贫工作;二是要尽快深入各个村民组走访所有的贫困户,以及广大村民们,了解掌握他们的基本情况和贫困户的诉求,摸清底细,尽快地做到心中有数,为今后精准扶贫工作开展打好基础;三是尽可能地为万二村未来的发展做点思考,理点思路,因地制宜找出发展路径,长短结合并立足长远,同时尽最大努力向上争取一些能争取到的资金和政策;四是将严格按照市、县组织部门对我们扶贫工作队管理的要求,遵守各项纪律,踏实工作,一心为民,努力完成上级交给的扶贫任务。"

方锦卫在这次扶贫会议上又说了一番话,听起来十分生动。他说:"我们有些乡村干部扶贫只知道突击应付检查,没有常态化地去做好工作,任务一来,就匆忙突击,难怪有村里人嘲笑说'你们老是来,村里的鸡都不下蛋了,村里的猪都寝食不安了'。"话语生动,又很能说明问题。同时他还说:"我们一定要做好扶贫资料台账,这个'不会说话的东西'是很有用的,检查起来就是个重点。"看来,长期在基层工作,干部的话语都是那么鲜活而生动。

（三）
组织的关怀

5月4日　晴

今天一早接到乡里的通知，市委组织部副部长熊志伟要来检查万二村党建工作，并代表市委组织部来看望刚刚到位的村党总支第一书记和扶贫工作队队长。于是我们村“两委”干部早早地就来到了村委会，大家对村委会做了一番卫生清理，并把党建有关档案备好，以备查阅。

上午10点多钟，熊部长在乡党委书记和副书记的陪同下来到了我们万二村。落座后，熊副部长说道：“今天受市委组织部肖善武部长的委托来看望到万二村开展扶贫工作的党总支第一书记和扶贫工作队队长吴清健同志，同时，检查万二村的基层组织建设工作。”

在与万二村党总支委员们座谈中，熊部长详细询问了支部工作情况，对村党总支工作提出了要求。他说，党总支的作用，一是要加强党的基层组织建设,管理好党员队伍;二是要紧紧围绕发展这个中心来开展工作;三是要一心为民办事。他特别对我说道:"第一书记来了后重要的任务之一就是抓好党建工作,管好这支队伍,这是抓好脱贫攻坚,让贫困村长远发展的保证;再就是要重点帮助贫困村谋思路,发展产业。第一书记来到贫困村后一定要用心用情去扶贫,去扎实做好扶贫工作,一定要沉下去!"对产业和项目问题,他说:"在扶贫工作中,产业发展要走自己的路子。万二村还有一些问题要列入扶贫项目去解决的,比如山里进山的岔车道、村里街道三线下地、污水处理问题等等,把这些问题处理好,基础打好了,再去积极地对外招商。"他特别指出,在招商引资发展贫困村经济过程中,要特别注重带动集体经济的发展,一定要按照市场化的思路来进行运作,比如对山场、宅基地的流转过程中,一定要注意到村集体要占有一定的股份。村里集体经济上去了,有了钱就好为群众办事,就好开展公益事业,就能更好地为贫困户服务。

熊部长的一席话,既是对村党总支委员们说的,在我看来也是给我这个刚刚上任的党总支第一书记、扶贫工作队队长上了一课。他让我知道了党总支在农村脱贫攻坚中的作用,作为村党总支第一书记、扶贫工作队队长在脱贫攻坚中要抓的工作重点。

（四）
十分忙碌的一天

5月8日 雨

今天是来万二村担任第一书记和扶贫队长的第二周。

上午从屯溪家中赶到村里，村党总支书记吴献华因为本村一位住在另一个村的老党员去世赶去慰问了。于是我便和村“两委”其他成员一起，带着部分村民和贫困户趁着滂沱大雨、山溪陡涨的机会，清理起山涧里的垃圾。村民们披着雨衣，手拿锄耙，分头在万二村几处山溪里同时进行清理。抓住雨天溪水凶猛时机清理垃圾还真是个经验，要省去不少力气，但安全很重要，我们一再跟村民打招呼，一定要注意安全。

完工后，中午在一户农户家吃了便饭，边吃边聊。这一户原来也是贫困户，虽然去年已经脱贫了，但生活仍不是很理想。的确，贫困户一年的脱贫，并不意味着今后永远脱贫。这是值得我们考虑的问题。

这也给我们下派的扶贫工作队出了一道题，那就是如何能在村里为广大村民，尤其是贫困村民找到一个有着长期稳定收入的出路，这才是真正解决贫困户长期稳定脱贫的关键。我想，这只有在发展产业上去思考、去做文章了。

下午村党总支书记吴书记赶回来了，在他的陪同下，我们走访了吴桂法和王吉山等几户贫困户。有一户人不在家，门口一只刚生了一窝崽的狗，对着我和吴支书狂吠，十分凶猛。看来在农村扶贫也还存在着一些意想不到的风险呢。

随后，我们又来到贫困户吴桂林家中，这一户住在一个斜坡山岩下，老人家86岁，身体尚可。来之前，我就听说他的儿子比较难缠，可见我到他感觉还好，可能是他对我这个市里刚来的扶贫干部有新的期盼吧。果然，他儿子很快拉着我去看屋后的山体，说要乡里解决可能出现的塌方隐患。我顺便问了下，如果真的被确定有隐患，大概要多少钱。他说，要彻底地解决塌方隐患，需要在岩石上的几个地方打入几根几米深的铁桩，并且灌浇水泥，大概需要10多万元。这不是个小数目！但不管怎么样，贫困户提出的问题，我们就要先听着，记下来，且尽最大努力去帮他们解决。当然，真正解决不了，我们则要跟他们说明情况，请他们理解。

在走访贫困户的过程中，我还碰到了村里的一对老夫妻。男的86岁，属猴的，女的84岁。看到他俩，我就想起了我的父母，我父亲今年也是86岁属猴的，跟前面吴桂林老人和这对老夫妻中的老爷子一样也属猴，还真是巧。眼前这一对都80多岁的老夫妇，听说我是从市里来的扶贫工作队队长，跟我热情地攀谈起来，朴实，亲切，让我心里不时生起阵阵暖意。这里的村民同全中国广大农村的村民一样,都有一个共同之处,那就是可亲、可爱、朴实,而我需要做的,就是在今后的做扶贫工作的日子里,如何融入到他们中间去,融入到他们心中……我知道要做到这一点,需要自己去努力,但我相信我能够做到。

回到住处天已经黑了,简单吃了晚饭。大约在晚上8点钟,县选派办连续发了几个通知:一是要求扶贫工作队近期务必在岗在位,说是省里扶贫督察组近日要下来开展扶贫督查;二是县里要求全县各扶贫工作队队长于次日要将到村后的3年工作计划搞好发过去。时间很紧,虽然已经是晚上了,但我还是给村党总支书记吴献华打了电话,让他跟我一起赶到乡政府,共同把这个3年扶贫计划搞好,吴书记很快赶到。好在我到村已经一个多星期了,对村里的情况有了基本的了解,对村里的发展也有一些思考。就这样,我们在乡政府办公室用了大约三个钟头的时间,终于完成了我作为扶贫工作队队长今后3年的扶贫工作计划。

此时已是深夜12点了,外面漆黑一片,狗儿在不停地乱吠,的确有点瘆人。吴书记骑着摩托车,带我到了我的住处才回去,这让我感到心里很是温暖。是啊,骑着摩托车消失在黑夜中的,就是我今后好长时间要在一起搭档工作的党总支书记!

(五)
一场"挑刺"的户主会

5月9日 晴

晚上7点多,夜色已笼罩了歙南山乡。昌溪乡万二村村委会村民活动室灯火通明,六七十户村民户主陆续赶来参加美丽乡村建设户主会,共同商议村里环境综合整治如何攻坚的问题。

会议即将开始,这时,只见一位村民面露愠色地对前来参加会议的乡干部方惠丽说:"你们都说万二的美丽乡村建设建得怎么好、怎么漂亮,我看没有搞出什么大名堂,问题多着呢!"此语一出,在场的村民先是愣了一会,继而会场似炸开了锅,大家议论纷纷。

事实果真如此吗?这位村民言辞激烈地指责会动摇在场的几十位村民户主继续投身美丽乡村建设的信心吗?这时,按议程安排原本是最后作会议总结讲话的乡党委书记方锦卫,在与主持会议的村干部简单沟通后,随机应变地接上了话茬:"好,下面就针对这位村民的质疑,我来说说去年美丽乡村建设以来万二村的变化。”方锦卫的话很快吸引了在场的所有村民。没有了循规蹈矩的会议议程,万二村美丽乡村建设户主会在村民提出的质疑中直奔主题地开始了。方书记一一向村民户主道来:“村口用石块垒砌的四处挡墙护塝让村庄更古朴端庄,原先被破坏的村中石板路得到恢复,使古村风貌更完整和谐,村中亮化、村口绿化、道路保洁、安全饮水等问题都得到了较好解决,更重要的是万二村村民精神面貌比以前更好了,因为我们百姓看到了万二美好的明天!”

一席话落地,村民疑惑顿解,纷纷点头称是,会场即刻响起了热烈的掌声。这掌声不仅是对美丽乡村建设的肯定,更是对万二村美好未来的期盼!刚才那位言辞激烈的村民脸色也阴转晴,露出了些许微笑。“成绩不说跑不掉,难题不解不得了,我们在环境整治中遇到了疑难杂症,想在这会上寻求解难题的‘金钥匙’。”在村民肯定乡村建设成绩的基础上,方锦卫适时引导,抛出了环境整治中的一些难题,诸如环境整治长效管理机制不健全、重基础设施轻乡风文明及个别群众在涉及自家附属建筑拆除、房前屋后环境整治时,以种种理由拖延或阻挠工作开展等问题。

问题抛出后,大家七嘴八舌,各抒已见。“我们误认为美丽乡村建设只是政府行为,群众的积极性和主动性没有得到很好地调动和发挥,我认为以后这样的会要多开。”“残垣断壁和猪栏整治的补偿标准要透明公开,不能藏着掖着。”“整治房前屋后的乱搭乱建,只要党员干部带头,我第一个带头跟上。”户主会上,既有“众人拾柴火焰高”的集思广益,也有“百花齐放满眼春”的经验共享。随着讨论碰撞的逐渐深入,一条条实在管用的整治措施新鲜出炉。会上提出的以更大力度、更高质量推动环境整治的实施方案得到现场村民户主代表的一致肯定,街巷道路、残垣断壁、猪栏柴棚等几项具体整治任务当场得到了一一落实。

一个原本有些尴尬的局面被化解了,一场别开生面的美丽乡村建设户主会,在万二中心村部分村民质疑的氛围中、挑刺的议论中开始,在全场满意的笑声中、掌声中结束!

（六）
深入到贫困户家中才知他们的困难与酸楚

5 月 15 日　晴

上午跟村党总支书记吴献华一起在万二村村委会值班。中午吃完饭不久，吴支书又带着我跑了几家贫困户。

首先我们来到了万二村昌前组吴桂法家。他家共有四口人，吴桂法患有类风湿关节炎引起的肝硬化，后又有骨折，现在基本上是长年卧在床上，每年自已要拿出的医疗费用不少；他妻子则身体很差，脸色较黄，是典型的肝病，听吴献华书记说，肝硬化的最终的结果基本就是肝癌。由于该户是村里享受易地帮扶政策的贫困户，家里人怕她时日不多，正在抓紧办理易地搬迁事宜，他们根据安排，拟搬入县经济开发区一带。根据政策，异地搬迁扶贫户，每人可以补助 3 万元，这对一家四口来说，就有 12 万元，一笔数目不小的补助。为了过上更好的生活，为了获得这笔特殊的搬迁补助资金，他们一家这阵子都在辛苦地忙碌着,他们希望在老人家走之前能够拿到这笔补助款,并实施易地搬迁工作。

随后我们来到了该村民组贫困户吴叶法家。老人今年 78 岁,因为脑梗加上股骨头压缩性骨折,丧失了劳动力;他妻子也患有冠心病动脉硬化引起的脑供血不足。这户去年虽然脱贫了,但按照国家规定,目前仍然享受贫困户所能享受的各项政策。这是上面的规定,可以说叫作“扶上马走一程”吧。

最后,我们走访了昌前村民组的王德生老人家。王德生的妻子患有中风又骨折,坐在轮椅上;而他本人还患有结肠癌,今年做了手术,目前情况尚好。

与吴献华书记走访贫困户,每到一户对我来说都是对贫困户的首次走访,对贫困户的致贫原因以及现状和诉求,我都一一记在本子上。支书吴献华是个村医,每走进一家,他都要拿出血压器和听诊器,为老人们测血压,听胸口,了解老人的病情现状,老人们对他特别尊重。看到这样的情景,让我想起了二十世纪七十年代活跃在贫困山区农村的“赤脚医生”,这样的一批批奉献山区医疗事业,为千千万万农民救死扶伤的群体,是最值得人们尊敬的！无论过去,还是现在。

（七）
无怨无悔到山村　尽心尽力为村民

5 月 27 日　晴

为期 3 天的全市新增选派扶贫工作队队长培训会议今日结束。这是由市委组织部安排的一次培训会议，全市新增选的 85 位副县级第一书记、扶贫工作队队长到会培训。

会议结束前，二区四县各抽取一名扶贫队长代表做发言，谈谈一个月来驻村开展工作的体会。我被推举为代表歙县下派的扶贫队长作发言，以下便是我这次发言的内容——

无怨无悔到山村　尽心尽力为村民

同在座的所有扶贫工作队队长一样，我是在 4 月 25 日接到市委组织部通知下派贫困村任务的。没有过多地考虑，唯有响应党的号召，服从组织的安排，这也是作为一个党培养多年的干部应有的态度和必须具备的担当。

从4月底正式驻村到今天,也就刚刚一个月时间,在全新的农村工作生活环境中,我们都在感受各级党组织的关心和信任,都在感受山村贫困村民的殷切期待。实事求是地说,我们现在仍然在熟悉和适应农村工作,正在逐步掌握村"两委"的现状和广大贫困户的基本情况,并在实际工作中调研思考着贫困村的长远的经济发展出路和对策。总之,我们这批85位选派干部都是以强烈的政治意识和责任担当,以所在扶贫村如期摆脱贫困和走上持续稳定的经济发展之路,愉快和充满自信地拉开了第七批选派干部扶贫工作序幕的。

短短的几周时间的农村扶贫工作,可以说没有什么经验可谈,但多少有点基本的思考,下面我想从一个新到位的贫困村第一书记、扶贫工作队队长的角度,谈谈一个月来的驻村体会。我认为,要开展好扶贫工作,应当处理好以下三个关系。

一是要处理好与乡镇党政领导的关系。我们是市委新增选派的第一书记、扶贫工作队队长。我们虽然工作在村,但必须是在所在乡镇党委政府领导下开展工作,要断掉"市派领导干部"的念头,这样才会从心底去尊重乡镇党政领导干部,请教乡镇领导干部,从乡镇领导干部那里掌握农村的工作,特别是农村扶贫工作方面的知识与经验,以及学到基层党政干部的踏实的工作作风。我所在的万二村,是地处歙南昌溪乡的一个省级贫困村,全村有建档立卡贫困户92户,贫困人口252人。通过几年的努力,已有不少贫困户脱了贫。2017年拟脱贫27户87人,力争今年整村出列。正是这样一个地处深山腹地、穷山恶水的地方,在短短的两周时间内,乡党委书记方锦卫就深入万二村5

次之多，实际督查指导工作，乡长王强也进去了 3 次，对口联系万二村的其他乡里的干部更是每周必须去万二村两次以上。这种扎实的基层工作作风的确在感动着我，影响着我，让我更加尊重他们，并经常地向他们请教问题，学习他们的工作经验。尊重与谦虚地请教，会让你更快地获得基层工作的方法与经验，从一定意义上说，我们要搞好扶贫工作，乡党委政府就是我们有力的“靠山”。

二是要处理好与村“两委”班子的关系。我们虽是派下去的第一书记、扶贫工作队队长，但决不能以“第一”自居，更不能有半点“他们连个副科级都不是而自己是副县级”的感觉，否则就会产生凌驾于村“两委”之上的心理。有了这种感觉，人家肯定会瞧不起你，表面上可能在乎你，而在实际工作中会处处为难你，故尔一定要尊重中国农村最基层工作的“两委”干部，真正去了解和掌握他们开展村里工作、处理突发事件的方法。不少方法都是最朴素、最接地气的，也是最有实际成效的。当然，不以“第一”自居，并不是放松第一书记的责任，关键的时候需要我们做第一书记的站出来去面对问题和解决问题。比如两周前，在布置迎接市里美丽乡村验收检查，村“两委”把迎检任务刚刚布置好后的次日，一位村委会干部对村委会主任有意见，发牢骚，还有一位村委对村委会主任颇有非议。我在场了解了基本情况后，感到事情的严重性，“两委”班子都不能团结，还怎么能团结带领村民去完成刚刚布置的美丽乡村验收突击攻坚任务呢？于是我及时赶下山，找到乡党委书记，向乡党委书记汇报了此事。当时已是傍晚，乡党委书记当即决定吃完晚饭马上上山召开村“两委”扩大会议。在会上，大家当面锣对面鼓地进行争论，对公开指责和质疑的问题，在乡党委书记的组织和引导下一一当场化解。一个多钟头后,所有问题当面全部解决。这次会议让不和而且极有可能影响美丽乡村攻坚工作的村"两委"班子形成了思想上的共识和意见上的统一。就这样,第二天又见那个前一天被人指责的村委会主任浑身是劲地指挥着大家奋战在环境整治攻坚一线。另外,同许多贫困村一样,万二村"两委"主要负责人并非完全地团结,有性格的差异,也有无端的猜忌。为此,我便以第一书记的身份去认真听取各自意见,并从村民中做了些了解,之后,对村党总支书记和村委会主任反映的情况分别进行分析梳理,指出彼此问题,以期他们排除猜测逐步取得彼此谅解与信任,并最终形成合力。可以说,万二村的"两委"主要负责人,在短短不到一个月的时间,关系较过去更加融洽了,我想这也是抓最基层党建工作时常要面对的。只有把基层党组织建设好,才能真正发挥战斗堡垒作用,才能引领全村广大党员带领村民脱贫致富奔小康,否则村里的各项工作都会受阻,甚至瘫痪。

三是要处理好与村民及贫困户的关系。这次新增派的副县级第一书记、扶贫工作队队长,下去的目的就是以更大的力度去开展精准扶贫,让贫困户如期脱贫,同时为贫困村未来稳定发展找出清晰可行的路子,并付诸实施。换言之,我们下去就是为当地村民,尤其是贫困村民办实事、促发展、谋福利的,要做到这一点就必须融入村民当中,走进贫困家庭,为村里的发展不断开动脑筋,做村民的"贴心人"和"有心人"。近一个月的时间,由于正是乡村采茶时节,在村党总支书记和村委会主任以及联村乡干分头带领下,抓住雨天和夜晚贫困户在家时机,我先后走访了今年预脱贫的 27 户贫困户中的 20 户,了解贫困户家庭基本情况、致贫原因和帮扶措施，并倾听贫困户的诉求。这其中有两户是出了名的“意见户”，都是以怒气冲冲提意见开头，以和颜悦色、殷殷期望结束了我们的走访。对此，我深深感到，脾气暴躁的贫困村民一定都有内心的诉求，我们要做的就是要把他们当家人一样，去耐心倾听，并给他关怀，尽力地帮他们解决问题。

要贴近村民不仅是简单地天天跟他们说说话，聊聊天，更要为村子未来的发展，让村民走向稳定脱贫的路子多作思考。从进村的第一天起，看到万二村“锁在深山人未识”的垒砌于高大石塝上的独特的石头村，我就为之震撼了！很快就想到，如果把这里独特的风貌用于开发休闲民宿和艺术摄影写生基地，那将是一幅前景无限美好的画卷。我把乡村旅游的发展计划和利用山区的山泉水的自然条件养泉水鱼，作为今后万二村新的产业发展的重点，写入了驻村扶贫工作队队长未来三年的扶贫计划中。当然要付诸实施并如愿实现还有更复杂、更艰苦的工作等待我们去做。

要贴近村民还要听取村民的诉求，并尽力为村民去解决问题。刚进村不久，就有村民反映万二村石际村民组自来水供水时有时无，村民怨声载道，一年多来，村民经常拦住乡村干部要求解决，但问题出在哪儿一直查不出来。5月22日，我在走访石际村民组贫困户时，被好几位村民围住，说最近3天都没有水了，采茶回来连个澡都洗不到，言词十分激烈。村民用水问题不是小事，我当即与歙县自来水公司经理，也是我中学同学汪均联系，请他尽快帮忙解决。第二天汪均就带着公司最优秀的技术人员来到万二村石际村民组，在我和村党总支书记陪同下，冒着大雨来到离石际组一公里的昌前村民组山上水源蓄水池查看,后又用专业仪器一段一段检测下去,并最终确定石际组地下自来水管网存在漏水问题。长期让村“两委”和村民困惑而矛盾一发再发的问题原因终于找到了。之后就是如何筹资重新铺设自来水管网,并按标准规范设立阀门、安装水表问题。县自来水公司经理表示,在乡村筹资到位之前,公司尽快拉管子到该组保证暂时供水,在资金到位后,公司将全力提供技术支持,并帮助无偿铺设安装,彻底解决该村自来水用水问题。

记得在查找自来水问题后,走在狭窄的村道上,一个年近古稀的老妇人,正冒雨从山上采茶回来。这就是我几天前走访的贫困户吴录翠,患有慢性肝病的老妇人,我上前与她攀谈,我的同学汪均经理指着我问她:“你知道他叫什么名字吗?”没想到老人用浓浓的歙南话说:“叫……叫清健吧,是扶贫队长。”我一时愣住了,被感动得热血满腔。贫困村民把我的名字记在了她的脑中,我有什么理由不把他们装进心里?

以上就是我到扶贫村万二村近一个月工作生活的感受,是真实的,也是真切的。最后我想用一句话与全体下派的帮扶干部们共勉:能参加这次具有历史意义的扶贫攻坚,是我们的幸运,更是我们的责任与担当,请组织放心,我们将充满信心,坚定地走下去!

（八）
意外收到大学同学的问候

6月14日　多云

晚上，我正在房间里整理一些有关扶贫方面的材料，忽然接到大学同学、现任安徽经济报社社长兼总编马顺生的电话，说班上的几位同学们正在合肥聚餐，大家都在谈我，还有我的万二村。

我自从到万二村驻村扶贫以来，经常在大学群里和朋友圈里发一些我的扶贫方面的东西，也有许多石头山寨万二村独特村貌的照片，这些都深深吸引着我的同学们。马顺生说："同学们都想你呢，都想去万二看看你，看看你的石头山寨万二村。"还没等他说完，安徽财经大学人文学院教授徐少华、安徽大学新闻学院副院长蒋含平急着把电话抢过去跟我通话……此时身处静谧的皖南山区的我，内心是多么激动与幸福啊！

30多年前，我们这批一起生活、学习了整整4年的大学同学，从安徽师范大学毕业后,分赴全省各地工作,聚少离多。由于我在黄山市工作,依着黄山这座世界名山,也得到过不少同学的关注,但主要是因为黄山,因为黄山的特殊区域给了我们一些重逢的机会。但几乎全班同学同时都在关注我,关注我在快要退休的时候,仍来到贫困山区从事脱贫攻坚工作,这是大家始料未及的。他们对我这次的"上山下乡",既感到惊讶又十分地钦佩!这从我和另外一个同学在朋友圈所发的内容引起的反响和点赞对比就能看出。同样是一位同班同学,半个月里周游了欧洲列国,接连发了许多在欧洲各国的行程照片,的确很美,但奇怪的是几乎没有同学去点赞。而我自从到了万二村后发的第一张扶贫图片开始,几乎每次都得到了许多同学的关注点赞和留言。我心里很清楚,对我在大学同学群、朋友圈发的东西点赞和留言,正体现了现如今城市人过上小康生活后,开始关注起依然并不那么富裕的农村,更关注着农村依然还有那么一群贫困人口,他们由衷希望农村人也能跟上时代的步伐,跟上城里人的脚步!毕竟,我的大学同学中,绝大多数都是来自农村的,他们对农村有着割舍不去的情感,他们更希望现在的农村不再是30多年前他们进大学时的那个农村。而这正是我们下来的扶贫工作者需要为之努力和奋斗的。我的大学同学们对我如此关注,实际上就是对广大农村贫困人口尽快摆脱贫困的关注与期望!之于我,就是重托!

我由衷地感谢我亲爱的同学们,感谢他们对我的关心关注,当然我也一定会牢记他们的期盼,认认真真、扎扎实实地在农村开展好扶贫工作,到时拿出扶贫的满意答卷,来向我的大学同学做一汇报。再次感谢你们,我亲爱的大学同学们!

（九）
为村里党员第一次上党课

6 月 28 日　晴

今天上午，在万二村村委会议室召开万二村党总支庆祝中国共产党成立 96 周年大会。万二村党总支成员以及从外地打工回来的共 70 多位党员以及入党积极分子参加了会议。

作为党总支第一书记的我，驻村以后，第一次为全体党员上了一堂题为“不忘初心，牢记党员职责与使命”的党课。

我先带领大家重温了去年习近平总书记七一重要讲话精神，回顾了中国共产党团结带领中国人民不懈奋斗，为中华民族作出的三个伟大的历史贡献和中华民族实现的三个伟大的历史飞跃，由此充分证明中国共产党是一个有智慧、有能力带领全国人民克服重重困难不断走向胜利、让中国逐步成为世界强国的伟大的党。同时，作为党总支第一书记，我向全村的党员提出了新的要求，在新的历史时期，作为农村基层的党员必须重温历史，不忘初心，牢记使命，无论是留守在村里的党员还是许多在外地城市务工的党员，无论身在何处，时刻都要牢记自己的党员身份，对党章中规定的党内生活制度要全面地了解，并经常用来对照自己的一言一行，时时处处按照党员标准来严格要求自己。特别是在加强党的基层组织标准化、规范化建设和开展"讲政治、重规矩、作表率"专题教育，全面推进"两学一做"学习教育常态化制度化的今天，广大党员更加要增强自觉性，主动学习，不断增强党员意识，主动查找存在的问题与不足，积极投身到当前正在让万二村改变面貌，让万二村村民走向幸福生活的伟大的扶贫工程和美丽乡村建设中，有一份力出一份力，有一点光就要想方设法去温暖和照亮一大片！真正发挥出万二村党组织和党员的战斗堡垒作用和先锋模范作用，为万二村脱贫致富、走向更加美好的明天作贡献！

在这次会上让人感动的是，万二村党总支委员、在杭州打工的汪永盛和万二村党总支书记吴献华，向大家汇报了这次参与乡党委举办的"寻访入党介绍人"活动情况。他们寻访入党介绍人的回忆，情真意切，感人至深。从他们的介绍中，看到了一个党员通过深情地回顾而表达出的不忘初心，对入党宣誓时的那份信念与责任的坚守。我一下觉得这是一个非常好的题材，出于曾在报社从事过记者的新闻敏感，晚上我花了时间写成一篇新闻通讯稿《一次宣誓，一生坚守——万二村党员"寻访入党介绍人"活动侧记》。

(十)
高手在民间

7月6日　晴

今天在村委会办事,正碰上村监督委员会主任汪善达值班,便和他闲聊起来。

善达老人如今70岁左右,是一个非常和善的人。聊天中他告诉我一个让我惊讶的事儿:二十世纪九十年代,当时作为木匠师傅的他,有着高超的徽州工匠技艺,应邀带着一班人马到马鞍山采石矶打造太白楼主殿。他说那主殿就是由他指挥完工的。他说当时的木工要求非常严格,在完成所有土木工程后,完工的工程与原图纸的标准差距不得超过一厘米。他还说,当时我市著名的砚雕大师方见尘的父亲也跟他一同前往作业搭档。

马鞍山采石矶,二十世纪八十年代初,我在安徽师范大学读书的时候学的是中文专业,所以对诗仙李白非常崇拜,加之马鞍山离我读书的城市芜湖很近,我曾和同学们多次到马鞍山游览凭吊李白。那时的太白楼不大,白墙黑瓦,飞檐翘角,很有诗意。之后,大约在2005年,我因公出差又到过采石矶,当我在毕业二十年后再次来到这里时,发现采石矶太白楼有了气势恢宏的李白纪念馆,也即太白楼大殿,也绝没想到那座气势恢宏精美绝伦的大殿,就是现在坐在我面前这样一位看上去是那样不起眼的深山老农前去打造的。也许,这就是所谓"高手在民间"吧。

听着汪善达老人的介绍,望着眼前在万二村这个依山造出的石塝上的村庄,这些在寸土寸金的地方,见缝插针、拔地而起的精美的徽派房屋,我想,这一切是决然少不了当年的村里的能工巧匠的付出。没有他们,也不会有万二村今天的模样。从汪善达的身上,我仿佛看到了万二村几百年来能工巧匠的身影。而对着一切遗存下来的徽派民居,我们的任务就是要把它完整地保护好,只有保护好它们,才能在今后的旅游中发挥出其应有的文化和经济价值。

我到乡下两个多月时间,从所了解到的和看到的,我觉得地处歙南深山区的昌溪乡真是一个藏龙卧虎的地方。乡政府所在地昌溪村,这个千年文化古村,在近代就出过令人刮目相看的名人——清代最后一科状元吴承仕。老舍笔下话剧《茶馆》里的"裕泰茶庄",就是清朝昌溪人吴裕泰在北京开的著名的茶庄,老舍就是以北京吴裕泰茶庄为背景创作了著名的话剧《茶馆》。前年是吴裕泰茶庄进京150周年,乡里还搞了一个纪念活动。由此可见,原先不为更多人所知的昌溪乡昌溪村,包括我们万二村,的确是一个人杰地灵、盛产民间高手的地方!而这一切,对今后发展乡村旅游来说,都是绝好的资源优势。

（十一）
专家首提万二村是“徽州山地古村落的杰出代表”

7 月 14 日　晴

今天，市政协主席毕无非带领市政协有关部门负责人和部分政协委员前来万二村调研美丽乡村建设。毕无非主席为万二村独特的石头山寨村貌所震撼和吸引，他对随同调研的黄山市城建设计院院长陈继腾说，这样一个独特的村庄，要尽快上报争取获得“中国传统村落”称号。陈继腾院长当场表示没问题，这样的村庄完全有资格获得“中国传统村落”称号。

陈继腾院长是中国美丽乡村建设特聘专家、安徽省美丽乡村建设顾问、黄山市中国传统村落委员会主任。拾级而上，走村串巷，在深入细致地探寻调研后，陈继腾郑重其事地说道：“万二村就是徽州山地古村落的杰出代表！这个村庄几百年来，在山坡上依山建起了两百多幢民宅，这样成规模地在山区依山而造的村庄，在我们徽州山区是绝无仅有的！这样在高山上的村落，与我们山下众多的徽州古村落特色完全不一样，也就意味着它避开山下村落的同质化。这就是它的独特所在、它的魅力所在、它未来发展的潜力所在！万二村在今后实施旅游扶贫，发展乡村旅游中，就是要牢牢地把握这个村落景观的独特性。以它的徽州山地古村落杰出代表的独特性，去赢得旅游市场，去赢得广大游客的关注。”

陈继腾院长提出的“万二村是徽州山地古村落的杰出代表”这个观点我十分认同。我曾经在黄山日报社工作了 18 年，在从事新闻采访工作中，几乎跑遍了黄山市的所有乡镇以及所有乡镇中的大部分的行政村，的确，像这样依山而建的成规模的石塝上的村庄，我是从未见过的。我从黄山日报社调到市委政研室后，曾经牵头起草过《中共黄山市委、黄山市人民政府关于加快发展乡村旅游的若干意见》，记得在起草这份意见时，我们特别反复地关注到在未来的乡村旅游发展中，一定要注重特色景点和项目的打造，一定要注意避开乡村旅游中的同质化现象。而今天我来到这里扶贫的万二村，正是这样一个完全避开了山下其他旅游景点彼此雷同的同质化现象的村庄。也就是说，在黄山市所有的景点中或乡村景观中，它是独特的，甚至是唯一的。这就说明它蕴含着巨大的旅游价值和开发潜能！我想在今后走旅游扶贫的道路中，我们一定要打好这张独特的旅游牌，以其独特性赢得广大的游客，赢得未来的旅游市场！

（十二）
县委书记的批评

7月19日 晴

歙县昌溪乡有3个行政村，其中万二村和双源村是贫困村，根据县里的计划安排，这两个村在今年是要实现脱贫整村出列的。也正因此，今年以来各项检查和督查自然会多起来。

今天，县委书记黄仁麟率县委常委、副县长程寄县，县扶贫办主任方新辉，县委办公室主任张赠等，到昌溪乡万二村和双源村进行扶贫督查。在对两个村的部分贫困户走访中，县领导一行入户认真仔细地翻阅了贫困户的档案材料，发现了一些问题并当场提出了整改意见，指出必须严格按照精准扶贫和动态调整的要求，搞好扶贫工作，对贫困户的档案必须一丝不苟，不能有半点的马虎，更不能犯基础性的错误，这样才能把扶贫工作扎实开展好，才能确保今年贫困村的整村出列。

在双源村村委会会议室，黄仁麟书记一行听取了万二和双源扶贫工作队队长关于近期扶贫工作情况的汇报后，黄书记指出：扶贫工作队驻村开展扶贫工作后，取得了一定的成绩，但这次来发现了一些问题，面对这些问题，乡村两级要立即行动起来。扶贫工作必须要做好，脱贫攻坚任务必须完成，没有退路！为此，他强调一要精准，要层层传导压力；二要做好统筹工作，正确处理好帮扶措施的落实与基础资料的完善，未脱贫户与已脱贫户、贫困村与非贫困村、脱贫攻坚与美丽乡村建设及基层组织建设的关系，形成乡村发展的整体合力。要特别注重夯实基层组织建设基础，以基层党组织标准化建设为契机，加强党员干部的教育，落实监督责任和问责机制，更好地发挥党组织的战斗堡垒作用和党员的先锋模范作用。共同带领帮助贫困户发展生产，改善生活，共同建设美丽幸福家园。针对当前扶贫工作以及工作中出现的问题，他特别严肃地指出，做扶贫工作不能当甩手掌柜，脱贫攻坚工作是当前乃至今后几年最大的政治任务、最大的责任、最大的民生，要以打靶考核的要求，手术解剖的态度，细针“绣花”的功夫，攻克碉堡的办法，财政管理的理念，来扎实做好脱贫攻坚工作。今年全县各个贫困村都将实现整村出列，各级对扶贫工作的要求肯定会越来越严，一些督察、检查和暗访的频率也会越来越高，问责也会越来越严。各乡镇村务必高度重视，特别是扶贫工作队一定要发挥出应有的作用，切实把脱贫攻坚工作做实、做细、做好、做出成效，向党和人民交出满意的扶贫答卷。

针对县委书记在检查中发现的问题、提出的批评和整改的要求，昌溪乡党委政府高度重视并迅速召开了乡村两级会议，提出了具体的整改方案。会后，我及时召集了万二村扶贫工作队和村“两委”负责人开会，迅速贯彻具体落实乡党委政府提出的整改意见。

针对这次县委书记率有关部门到万二和双源两个村检查扶贫工作发现问题并提出批评，我认为是件好事，是一次帮助我们发现问题、分析原因、整改问题的机会，最终一定会是对我们扶贫工作的又一次提升。只有通过一次又一次问题的发现和整改，我们的扶贫工作才会做得越来越好，做得越来越扎实！

(十三)
对万二村的保护绝不是一时的

7月31日 晴

今天,我原在黄山日报社工作时的老总编、现任市政协副主席、市发展摄影产业领导小组常务副组长胡宁,率领市文联主席倪国华一行,来到"徽州布达拉宫"石头山寨万二村开展实地调研,以加快推动万二村列入"黄山市百佳摄影点",实现以摄影促进旅游与扶贫。

考察调研中,胡宁副主席一行为"徽州布达拉宫"石头山寨万二村独特的村貌和格局深深吸引并震撼,并对古村落实施原生态保护给予了肯定。胡宁副主席一行分头从总体村貌、传统乡村人文、自然风光等几个方面撷取镜头,以作为万二中心村列入"黄山市百佳摄影点"的申报资料与依据。

在陪同胡宁副主席的考察和拍摄过程中,我告诉他我来到万二村后,很快与村"两委"定了两条对万二村的保护措施,这两条保护措施是:从村口入口处的第一块老青石板,到村子里最上面的最后一块老青石板,决不允许破坏一块;同时,决不允许在村里的民宅墙上涂抹任何现代标语口号。听到我为万二村定下的这两条保护措施,胡宁副主席用惊奇的眼光望着我,表示十分赞同! 同时他高兴地说道:“上面派你这个文化人来到这个村搞扶贫,真是选对人了,来这里短短几个月时间,你真的是沉下身子在抓扶贫工作,真的是融入到这个村子里了;作为你原来的老同事、老领导,我真为你感到高兴!”同时,他告诫陪同考察调研的乡村两级干部:“对万二村村落的保护,绝不是一时的,一定要一以贯之地长久坚持下去,无论旅游尚未兴起的今天,还是今后旅游蓬勃发展之时,都必须坚持与坚守这个保护原则啊!”

从昌溪村到万二村,一路考察中,胡宁副主席看到这里的乡村公路十分狭窄,而且岔车道很少,给前来万二村的游客带来了很大不便,他期望市、县交通部门能够对昌溪进入万二的乡村公路给予一定的投资,解决到万二村旅游的“瓶颈”问题,提升万二的可进入性。唯有如此,石头山寨万二村的乡村旅游才能真正得以加快发展起来。他还对我说:“只要你们为村子发展乡村旅游去努力了,真心付出了,且干出了样子,让大家看到了希望,那么,我相信,市里、县里有关部门肯定会大力支持的!”

(十四)
走进"难缠"村民内心世界

9月13日　晴

入秋的天气渐渐爽朗起来,我今天走进万二村村委会后却摊上了一件令人心烦的事儿:万二村万二组,一个"难缠"的村民王友法找上门来发火,说是村里一位干部未及时给他办事,他要找乡里书记,要找县长,甚至说要把此事搞到网上去。

面对这个极易冲动和发牢骚的村民,我请他坐下来,和他面对面坐着,掏出香烟,在彼此香烟一根接着一根的聊天中,我渐渐走进了他的内心,并寻出了他一次又一次地找乡村干部"发难"的根源:一是他母亲,由于前几年造了活人墓,原先享受的低保,被政府坚决地取消了,这是政策的硬性规定,无论是谁,都必须遵守和执行;二是他自身患有慢性哮喘和心脏病,每年发作几次,且发起来比较厉害,而与周边贫困户能享受到"351""180"医疗健康扶贫政策相比,他的内心很是失衡，很希望乡政府和村里也能重视他，能给他解决困难。在与他交谈中，我还了解到他的爱人和母亲都是党员，女儿在外地名校读大学，学国际贸易专业，前景很不错。还有，他本人经常上网看新闻和国内外时事，还对历史有很大的兴趣，是个有一定文化知识的农民。

当掌握了这些情况后，我迅速掌握了其经常牢骚满腹的原因所在，并告诉他“天下没有绝对的公正”，“你的病虽时有发作，但与癌症等重大疾病患者相比应不算太严重”，“造活人墓，必须要拿掉低保，这是政策‘红线’，谁都不能违背，否则跟村民就没法交代，村民会有意见，会闹起来，乡村干部则会被追责甚至受到处分的”。说理谈心，渐渐地感化和启发了王友法，他承认他做得不对，不该动不动就到村委会闹事，并说出了这番话：“我母亲虽被取消了低保，但她本人对此并没有什么意见，还说乡里的书记是个能为老百姓办事的人，是个好书记，我觉得我还不如我母亲和我老婆；帮我母亲造活人墓的事，后来我也很后悔，真的后悔，但没办法挽回了。还有，我每次激动发火后，其实我的心里也是蛮后悔的！”

经过耐心的朋友似的交谈，我与这位时常向乡村干部“发难”的村里的“难剃头”彼此熟悉了，且有了一定的好感，当然真正完全地走进他的内心，让他完全地信任我，还需要有一个过程。我对王友法说：“我在这里扶贫要待3年，今后我们可以做朋友，但你一定要答应我，今后有什么事儿，可以向村里和乡里干部反映，也可以跟我说，但一定不可以在公共场合或者上面来人调研工作时闹事，这个影响很不好，影响的不只是你自己，也影响了整个万二村百姓的形象！”他望着我，很认真地听着，答应了我。离别时，他走到村委会门口，“忽”地又掉头回到我身边,对我说:"吴书记,今天我第一次跟你聊得这么多,我们以后还要再聊啊!谢谢你今天这么耐心地对我!"

一个进来怒气冲冲,离开又依依不舍的"难缠"村民,他的心理和态度的变化告诉了我们一个朴素的道理,那就是:没有落后的群众,只有落后的干部!

（十五）
驻村扶贫半年了……

9 月 30 日　晴

驻村扶贫连头带尾已半年了，今天去县里参加全县选派干部驻村扶贫工作队队长工作例会，会议以交流半年来的扶贫工作为主要内容。我作为被安排作大会发言的 12 个工作队队长之一，在会上向大家汇报了我在万二村半年扶贫工作情况——

歙县昌溪乡万二村是省级贫困村，2014 年年初建档立卡贫困户 92 户 252 人，2016 年实现动态调整后有贫困人口 59 户 185 人。2016 年实现脱贫 26 户 69 人；2017 年经动态调整后预脱贫户 28 户 98 人。贫困户致贫主要是因病、因残、因学、因灾。该村现有 1 个党总支，下设两个党支部，正式党员 73 人。要完成今年整村出列，扶贫任务十分艰巨。

在乡党委、政府领导下,万二村"两委"把精准扶贫作为一项政治任务,高度重视,狠抓落实,对建档立卡户,因户施策、精准帮扶,并重点抓好产业扶贫和努力寻求村级集体经济突破,扎实推进扶贫工作向前推进。

我自今年5月正式担任万二村党总支第一书记、扶贫工作队队长以来,主要做了以下工作:

走村入户,摸清贫困户家底

初来乍到,摸不着锅灶。只有摸清家底,才好开展工作。今年5月以来,在万二村党总支书记和村委会主任的相继陪同下,我对万二村所辖万二、朝阳、关山、茆山、汪村、石际、白云、昌前8个组的2016年建档的59户贫困户进行了走访,并对2017年预脱贫的28户98人进行了多次重点走访,逐步摸清楚了这些贫困户致贫的原因及帮扶措施,并在走访中与他们交流未来的产业发展思路,提出参考意见。摸清贫困户家庭底细,也为后来的动态调整打下了基础。

因村制宜,理清经济发展思路

万二村地处深山腹地,以山地为主,没有开阔地带,加上交通十分不便,发展工业无从谈起。传统的茶叶、油菜种植成为该村贫困户主要的自主产业,也是目前的主导产业。去年以来,在政策帮扶和乡、村的动员与培训下,一些村民和贫困户新种植了青梅、菊花、油茶等。如果只是靠这些传统农业,要想村民踏上脱贫致富奔小康的大道难度很大。

好在天生丽质、风貌独特的万二村给了我这个来扶贫的工作队队长很大的启发,也给了我带领贫困村民脱贫的希望。从进村的第一天起,看到万二村“锁在深山人未知”的垒砌于高大石塝上的独具风貌的“石头村”,我为之震撼了!很快想到了如果把这里的独特山村资源用以开发休闲、民宿、摄影和艺术写生基地,来发展旅游,那将是前景无限的。为此,我把发展乡村旅游作为万二村未来产业发展重点,写进了县委组织部要求上报的扶贫工作队队长未来3年扶贫工作计划中。同时,与村“两委”班子统一思想,让今后的产业围绕乡村旅游发展做规划与实施。比如利用万二村独特的山泉溪流,我们上报了石鸡养殖产业项目,并与市农委取得联系,请求技术指导。面对迟迟未启动的民宿旅游,我找到一些朋友及当年在中学任教时的学生,正通过他们在努力联系深圳、北京的客商前来考察,努力争取以发展民宿旅游来启动万二的乡村旅游。同时,主动争取县交通部门对从昌溪村至万二村村道危险地段挡墙建设和公路凸镜的安装,并两度请来县自来水公司为万二村解决自来水不畅的问题,通过努力争取,赢得了市摄影办支持,万二村获得了“黄山市百佳摄影点”。加上最近已经启动的万二中心村停车场和万二村昌前段的村道改线等等,都是在为万二村未来乡村旅游的发展做着准备。

万二村,在打造美丽乡村契机和基础设施提升以及昌溪至石潭公路年底开通大旅游交通环境改善下,一定会很快迎来一个乡村旅游发展的新时代!广大贫困村民也必将成为旅游业发展的直接受益者。

美丽乡村,让村民满意又受益

万二村是省级贫困村,却又荣幸地搭上“省级美丽乡村中心村”专车。自去年美丽乡村建设以来,在乡党委和政府的领导下,万二村"两委"带领村民全力投入美丽乡村打造中,并在其中,注重安排了在村的贫困户加入家门口的务工队伍。在万二中心村及附近村民组的贫困户,能参加劳动的贫困人口几乎都参与到了美丽乡村建设队伍中。他们按照大工150元、小工100元计,几个月来,贫困户陆陆续续在建设装扮家园的同时,也有了不少的收入。美丽乡村建设与扶贫工作的有机结合,真正让广大村民,尤其是贫困村民开心干活在手头,高兴受益在心头。

狠抓党建,引领群众共谋发展

作为村党总支第一书记,我深知,要搞好扶贫工作,抓好基层组织建设是至关重要的。而对组织建设较弱的村支部,我从抓党建工作入手,督促村党总支落实好"三会一课""民主集中制"等制度,加快推进基层党组织标准化建设和全面推进"两学一做"学习教育常态化、制度化以及县委组织部推出的对党员的"十二分制"创新管理办法,并切实落实以开展"讲、重、做"警示教育为主题的民主生活会和组织生活会。七一前夕,我还为万二村70多名党员上了一堂"不忘初心,牢记党员职责与使命"的党课。通过抓党建、带队伍,进一步增强了全村党员的党员意识和密切联系群众的优良作风,转变了党员干部的工作作风,并增强了基层党组织领导经济发展能力,真正发挥出村级党组织的战斗堡垒作用和党员的先锋模范作用,让广大党员成为带领广大群众脱贫致富的"领头雁"。正因此,在美丽乡村建设、抗洪救灾一线和灾后抢修重建中,都有万二村广大党员冲在前面的身影!

发挥自身特长，为打“万二牌”鼓与呼

万二村要走出去，万二村的旅游业要真正启动起来，就必须加大对外宣传力度，加快宣传步伐。我利用自己曾在黄山日报社工作了 18 年，长期在一线从事新闻采访工作的优势，驻村以来我先后为万二村写了各类通讯与消息共 6 篇，其中《昌溪：一场“挑刺”的户主会》在《黄山日报》及《中国黄山网》上刊登；《一次宣誓，一生坚守——万二村党员“寻访入党介绍人”活动侧记》在 7 月 1 日《黄山日报》刊登。这些宣传报道，都对万二村对外宣传、提升万二村对外知名度产生了积极的作用。

与此同时，我还请来了市摄影办领导前来万二考察指导工作，并拍下大量万二村的自然、人文图片，这些图片今后将会在国内有关刊物上刊登。市摄影办主任的一组关于万二的摄影图片在《徽州社会科学》上刊发。我市摄影家还专门为万二拍摄的组照《徽州最后的原生态古村落——万二》在新华社安徽频道上播出。上述一切，都对打出“万二牌”发挥出了积极有效的作用，也为不久的明天万二村踏上乡村旅游的道路奠定着基础。

扶贫攻坚，任重道远；不忘初心，未敢懈怠。没有赶上当年的土改，也未曾加入“知青”洪流，但我们赶上了新中国历史上具有划时代意义的伟大的脱贫攻坚队伍。我们坚信，也请组织上放心，我们一定不辱使命，竭尽全力全面打好脱贫攻坚战，全面完成脱贫攻坚任务！

(十六)
满山柿子熟了无人采摘

10月26日　晴

正是秋高气爽的季节,趁着大好天气,万二村昌前组两位村民邀我一起到昌前组附近的高山上,看看他们栽种的且已红彤彤挂满枝头的柿子。

对我这个很少爬高山的人来说,登上几乎到了山巅的地方,已是气喘吁吁。这些柿子树基本都是在十几二十年前栽种的,而今已是遍布高山。问了身边的村民为何要把柿子树种在这么高的山上,答曰:主要考虑这里原来是荒山,种上果树,既绿化了荒山又有经济收益。这很有道理,但时过境迁,现如今,我眼前的这一棵棵柿树果实累累却基本上没有什么人来采摘。就着身旁压弯了树枝的熟透的柿子,我顺手摘了几个看相非常好的柿子,掰开送到嘴里,哇,那鲜与甜的味道,跟如今超市里那些外来的又大又圆的柿子味道相比,那真是外来的大柿子无法相比的。可就是这样又鲜又甜如此诱人的柿子，为何挂在树上无人采摘？问两位村民，他们道出了其中的缘由：一是现如今村里的年轻人基本都外出打工了，几乎就没有年轻人留在村里的；二是留守在家的基本都是老年人或病残者，他们一般都不会爬到这样高的山上来采摘柿子了，就连在外打工的孩子也反复叮嘱家里的老人不要上山采柿子，免得摔了麻烦；三是如果要想卖出去，请人来采摘，那从高山上背下山的劳务费就很可观了，村民说背下来的劳务费估计还比不上卖出去的柿子的价钱。也许正是这些原因，这美好的季节，这红彤彤、黄澄澄的万二土柿子，就只能这样静悄悄地挂于高山上，给人呈现一种寂寞的美丽了！“不光是柿子，高山上的山核桃、板栗等，也是很少有人去采摘的，基本都是自生自落……”村民的话，让我感到很茫然，觉得十分可惜！

由此看来，当初种这些柿子树，包括山核桃、板栗等那么多的果树，是在当时中青年人绝大部分都在村里的那样一个环境下被充满希望地栽种下去的。但没有想到，几十年后，时代发生了很大变化，反过来却抛荒了这些果树林。如何让当年种下的这些果树能够继续产出效益，这又是摆在我们村“两委”和扶贫工作队面前的一项新的任务，同时它又给我们提出了一个新的问题去思考，即在新时期新条件下，如何能让留守在村庄里的绝大部分老人，在农业发展上找些他们力所能及的种植或养殖方面的新路子，教会这些留守的老人们种什么，怎么种，和如何帮助他们把东西销出去。

晚上回到房间，我的脑子里还在考虑着在高山上看到的那片红彤彤的柿子树、黄澄澄的无人采摘也无人收购的柿子。这时我想起了跟我同是市政协委员的一家农产品种植业的企业负责人，我便拿起电话打了过去，他听说后觉得可以考虑去批量收购，但有一个条件就是要找得到人愿意到高山上去采摘，这个成本不会低，批量收购后的销售，由他来解决。听了这番话，我那一直焦虑和不安的心，这时才算是放了下来。随后我打电话给万二村党总支书记，让他第二天就去村里了解一下，看看能不能组织村民到高山上去采摘柿子。如果真的可行，那也算是为万二村的百姓做了一件好事。

（十七）在医院仅仅陪护妻子一夜就匆匆返回村里……

11月1日 晴

还是在3天前，当我在万二昌前组与村民一块安装新型节能灯时，接到妻子打来的电话，说是上班途中骑电动车摔了，正被人送往医院。到了晚上，得悉是骨裂，很严重，住进了医院。由于正是省里扶贫督查时期，故离不开，就让我妹妹和弟弟一家去帮忙护理。3天之后的今天，扶贫督查结束了，我这才赶到医院。看到妻子无奈地躺在病床上，眼神里多少有点责怪我的意思。我说："已经请了两天假，陪你。"妻子才露出微笑来。

我又是喊医生，又是到医院食堂打饭，不知不觉，就到了晚上了。大约在夜晚九点多钟，我接到我当年在屯溪一中当老师并任班主任时所带的学生程葆青的电话，她现在是上海师范大学天华学院管理学院院长。她说："吴老师，看到您在我们屯溪一中班级群里和朋友圈里发的不少你们扶贫村万二的介绍和图片，我们想跟你们搞个合作怎么样？"

"合作？什么合作？"我问道。

她又说道："我们学院到你们村，跟你们万二签署一个旅游扶贫合作协议，再搞个旅游扶贫合作基地怎么样？"

"什么？这样啊，那太好啦，没问题！看看需要怎么做，我们现在就谈下……"

我的神经几乎一下兴奋起来了！万二，上海，合作！对确定了走旅游扶贫之路的万二来说，是一个多好的大机会啊！

就这样，我和我的学生在电话里整整谈了一个多钟头，终于确定了他们来万二村的时间以及有关活动议程，却把身边躺在病床上的妻子全然忘了。这时她面色不悦地对我说："你回来到底是陪我的，还是干吗的？"我说，这是一个大好机会呢，对万二村今后发展旅游非常重要。我又说时间很紧，我明天必须赶回去进行许多前期准备工作。我知道她心里一定是在怪我的，但听到的却是"你去吧，反正也指望不上你！"虽是责怪，但我看出她从内心对我扶贫工作还是支持的。在这方面，我真的很感谢我的妻子。从我在屯溪一中任教，到在报社当记者辛苦奔波几乎根本就照顾不上家庭，再到市委机关工作也是经常加班加点，只要是工作上的事，她都默默地在后面支持着！

第二天，等妻子骨裂的腿打好石膏后，已是近中午了，我叫来妹妹，让她代替我帮助照顾。我随后便搭上班车，匆匆赶回了万二村。

（十八）
万二村与上海高校签署旅游扶贫合作协议并共创合作基地

11 月 4 日　晴

秋阳高照，层林尽染。今天，省级贫困村昌溪乡万二村迎来了上海师范大学天华学院院长程葆青女士，上海师范大学天华学院管理学院工学院党总支书记兼上海某户外俱乐部创始人赵科等一行。

上午 10 点 30 分，在万二中心村标志性景点——村口高高耸立的石塝前，上海师范大学天华学院与万二村共同签署了旅游扶贫合作协议，并进行旅游扶贫合作基地揭牌仪式。

签约暨揭牌仪式，由万二村党总支第一书记、扶贫工作队队长主持，万二村党总支书记致欢迎词，上海师范大学天华学院管理学院院长程葆青女士和上海师范大学天华学院工学院党总支书记兼户外俱乐部创始人赵科分别做了讲话，昌溪乡党委委员朱明明代表昌溪乡党委政府欢迎上海客人来万二开展旅游扶贫。之后，由上海师范大学天华学院管理学院院长与万二村村委会主任共同签署了旅游扶贫合作协议。之后,举行了旅游扶贫合作基地的揭牌仪式。

签约与揭牌仪式完成后,上海客人一行即对万二村进行实地考察,万二村独特的石头山寨村貌深深吸引着上海客人一行。参观考察了整整一个多钟头,他们才依依不舍地离去。在考察过程中,上海师范大学天华学院和户外俱乐部负责人,还当即为万二旅游在促销与营销方面制订了大致的旅游线路攻略。

似乎是一个大大的"红包",由大都市上海塞给了歙南深山区贫困村万二村,来得似乎有些突然,有让人难以接受的感觉。但这"红包"的确是送来了!我想,接下来就是我们扶贫工作队和村"两委"要快速行动,牢牢抓住这个机遇,尽快启动乡村民宿休闲和摄影旅游了。

程葆青院长是我30多年前在屯溪一中任教时带的唯一一届学生之一,我也是他们的班主任。在这里,我衷心地感谢我昔日的学生对我扶贫的万二村的关心和支持!同时我想,有了上海师范大学天华学院与万二村的合作,万二村的旅游一定能够很快兴起,并且踏上快车道,一定能走出一条旅游扶贫的道路来!

（十九）
副市长的电话鼓励……

11 月 23 日　晴

下午在乡政府参加迎接即将到来的第三方扶贫工作评估验收会议。会间，突然接到副市长徐德书打来的电话，说是他现在就在万二村。由于之前没跟我联系，我一时慌了，我说我在乡里开会，他说："已经知道你在乡里开会，就不要赶过来了。"随后，我和徐副市长在电话里谈了大约 10 分钟。

徐德书副市长在电话里告诉我说："刚刚看了你扶贫的万二村，还问了老百姓，都说你刚刚来了半年时间，为村里扶贫干了许多事儿，还把上海的高校大学生都请来搞旅游扶贫合作，这是扶贫上的一大成绩啊，搞得非常不错，县里黄仁麟书记也说你搞得很好。你来了后能够因地制宜，带领村民开始走旅游扶贫道路，这条路子走得是对的，这也正是在精准扶贫，要坚持走下去，把万二旅游搞起来！"他说："这次来，主要是想看看你,不巧啊,你在乡里开会,等下次有机会再来万二,再听听你扶贫工作和有关村里发展乡村旅游的思路和办法。"随后,电话里,他又说:"今年的第三方评估考核验收很快就要到了,户上档案和村级扶贫档案材料一定要搞准、搞细、搞完整,确保顺利通过第三方评估验收。"

徐副市长电话里的关心和鼓励以及对扶贫工作的指导,让我由衷地感谢。是的,作为我市分管农业农村工作的副市长来到万二村,给我这个基层的扶贫干部打了那么长时间的电话,让我这个在村里工作了半年的扶贫队长心里暖暖的。

的确,别妻离子,来到偏僻的山村开展扶贫,我们无怨无悔,我们竭尽全力,我们绞尽脑汁。我们不怕苦,不怕累,甚至有时需要忍受一些工作上不被理解的委屈,但这些我们都不在乎,我们需要的是社会的关注,需要的是各级领导的关心和支持!我想这也是我们这批自今年5月份下来的市直单位的85位副县级扶贫工作队队长们的共同心声。今年是我们驻村开展扶贫工作的第一年,扶贫还有整整三年时间,我不知道3年以后我的扶贫工作究竟做得怎样,能不能向组织交上一份合格满意的答卷,但我一定会尽自己最大努力去做好扶贫工作的,为了万二村的贫困户的早日脱贫,为了万二村有一个美好的明天!

（二十）
迎接第三方扶贫工作评估考核

12 月 8 日　晴

在经过了近一个月的紧张的迎检备战，特别是对村级扶贫档案等有关资料进一步核实完善后，12 月 5 日，终于迎来了省扶贫工作第三方评估考核组的到来。这次来昌溪乡开展扶贫验收考核的是铜陵学院的师生，万二村是昌溪乡验收的首站，由铜陵学院外国语学院的两位同学负责验收，据说其中一位大三的学生去年参加过这项考核活动，是有一定经验的。评估验收十分严格，每到一户，考核组成员不允许其他任何人进入，就连带路的村委会干部也被挡在门外。据说在上户查看资料和核查情况时问得很细、很实，也很专业。一天下来，考核组一行从昌前组到高山上的关山组，再到石际组，最后还赶到住在深渡的一户万二村的贫困户家中进行评估核查验收，共完成了 18 户，效率很高。

经过两天的入户考核验收,考核组一行终于结束了万二村的户上考核验收。第三方评估考核的村级座谈会则放在12月8号,也就是今天。

上午,省扶贫第三方评估考核组昌溪组组长、铜陵学院外国语学院党总支书记吴红和范娇娇老师,在下午两点多钟来到了万二村村委会,对万二村村级扶贫档案资料进行查看,并召开验收考核座谈会。参加座谈的有村"两委"负责人、扶贫工作队全体成员,另请了两位贫困户和两个群众代表参加座谈。

村级座谈会上,我首先代表万二村扶贫工作队和村"两委"对万二村脱贫攻坚工作做了一个全面总结汇报。也许是历经多次修改及认真对待,我的扶贫工作汇报材料既完整又能突出重点和亮点,得到了吴红组长的首肯,听完了我的汇报后,她带头鼓掌,表示认可。之后,她特别对我汇报中提到的万二村在扶贫中因地制宜地实施精准扶贫,与上海师范大学天华学院共同开展旅游扶贫合作,并共创旅游扶贫合作基地内容,表现出浓厚的兴趣,并详细了解了具体合作内容。她说:"这次我们第三方评估考核组受省委、省政府的委托来到贫困村进行考核验收,不光是检验贫困户能否脱贫、贫困村能否村出列问题,同时也为了能够发现扶贫工作中一些好的做法和成功的经验,好的做法和经验我们会总结出来向省里汇报,能够对今后的扶贫工作起到借鉴作用。"

随后,吴组长先后向参加村级座谈会的村党总支书记、村委会主任、扶贫工作队队长、副队长以及扶贫专干,还有贫困户代表一一提问,所提的问题十分地精准到位。根据有关要求,在结束座谈之后,两位非贫困户代表将被单独进行访谈。

村级座谈结束后，吴红组长一行按照程序要求又对万二的扶贫档案材料和有关资料进行逐一地查阅核实，对每一项基础设施和公共服务项目都逐一地查看资料是否完备，并查看有关原始单据票据等。在核查中她告诉我们，任何一个扶贫项目从开始到结束，都要有严格的规范程序，并有案可稽，不能有任何的差错。的确，扶贫资金每年虽不多，但每一笔资金都体现了党和政府对贫困村的支持和帮助，都必须足额精准地投放到位，来不得半点的马虎，更不允许出现任何问题。

经过几个钟头的访谈和村里档案核查后，天已擦黑。回到乡政府，吃罢晚饭，吴红组长又与乡、村两级干部和万二村扶贫工作队进一步对检查中的有关问题进行了再核实，直至晚上八点多钟，省第三方评估验收组昌溪组组长吴红才带着考核组成员离开。

这次省第三方评估考核组对贫困村的考核验收，十分地认真细致、精准专业。这再一次告诉我们，扶贫工作做得如何，关键看日常工作做得是否扎实。同时，扶贫工作是否能得到考核组的满意，或倍加关注，其中很重要的一点，那就是贫困村能否因地制宜地找出一条能够给村民、村集体带来稳定收益的特色产业发展之路，这一点也正是我们扶贫工作的关键所在。

(二十一)
走在寂静的村庄里

12 月 12 日　晴

这阵子忙着迎接省第三方评估考核验收,分外紧张和劳累,一结束后身体仿佛也一下松懈下来,加之没有注意保暖,生病了。今天一人在村里值班。

天气一天比一天寒冷起来,万二中心村在萧瑟的冬日里显得特别冷,也特别安静。此时,坐在村委会里听不到一个人的说话声,走到村委会门口,同样不闻半点声音,悄然无声,仿佛连一根针掉落在地上都能听到声音。这就是当下的万二村,而今只剩下年迈的老人和体弱病残的人留守在村中,而中青年带着他们的梦想走出了大山,到遥远的杭州、苏州、湖州等地务工去了。今天的万二村真的可以说是萧瑟的,甚至有些冬日的肃杀。想想在几十年前的万二中心村,200 多户人家 1000 多人,人声鼎沸,你呼他应,犬吠鸡鸣,加之清晨和傍晚的家家户户次第升起的袅袅炊烟，从家家户户飘出的浓浓的柴火土灶烧出的香味，那是一幅多么热闹的山村景致啊！然而，时代总是在前进，万二村暂时走向了萧条，这也是必然的，而对我们扶贫工作来说，要思考如何能尽快让万二村重新热闹起来，欢乐起来，当然，最终还得富起来。那么，我想发展万二村的乡村旅游，真的是需要加紧又加紧了！好在过几天，上海师范大学天华学院与万二村共创旅游扶贫合作基地签约后的第一个旅游团队，将来到万二村，我想这应当是一个好的开端。

(二十二)
村里来了第一支旅游团队

12 月 16 日　阴雨

这几天,万二村仿佛又热闹起来,给寒冷的冬日村庄添了几分暖意。

昨天,《黄山日报·黄山晨刊》编辑部主任程向阳带领 3 位文字和摄影记者组成的采访组,来到万二村采访乡村振兴方面的内容。冒着寒冷的细雨,记者们对万二村从文字、摄影和视频多角度进行了深入细致的采访。他们都是第一次来到这个独特的石头山寨,都为这个村庄的独特村貌所吸引,其中一位记者这样发出感慨:“万二村给人第一印象真的十分震撼!”深入采访中,他们为扶贫工作队驻村以后,正在为村里闯出一条旅游扶贫的乡村振兴之路而高度认可,表示回去后,一定会尽力尽快组织好稿件,争取在《黄山日报·黄山晨刊》上推出一个版集中宣传万二村。

今天，万二村更是有了实质性的庆贺内容：下午 4 点多钟，正是山区冬日掌灯时分，上海师范大学天华学院与万二村签署旅游扶贫合作协议后的第一个旅游团队 20 人，正式来到了石头山寨万二村，这可是万二村第一支来到村里旅游并住宿的旅游团队啊！

由于万二村尚未办起一家农家乐，上海的游客只能夜宿在村委会会议室，好在都是驴友，各自都准备好了小帐篷，大家聚集一堂，在灯火通明的会议室，却也十分地开心快乐。在已联系好的村民家中吃饭就餐，这户村民也收到了这第一支旅游团的餐费。

吃罢晚餐，有几位游客闲不住，在附近几户村民家串门聊天，朴实的村民们十分高兴地接待着这些来自大上海的客人，并同他们聊起了万二村的往事。大冷天的，游客们见万二村的村民端着老式火熜烤火，很是好奇，游客要花钱买下来带回去放在家里头作摆设。问多少钱，村民开始说不卖，游客硬是缠着要买，这一来二去的，村民笑曰："真的要要，这新的火熜就 50 元吧，这旧的不卖，有三四十年了，还是父母在的时候用的，瞧，手把都磨成暗红色了。"但游客没有放过，硬是盯着那个旧的，最后，游客掏出了 400 元塞到了村民老人手中。这样，万二村也卖出了的第一个旅游"纪念品"。

明天，游客们将在村委会负责人带领下游览这座有着 400 多年历史的石头山寨，让大上海来的客人们去慢慢体味这个村庄的独特、古朴与静谧，去感受在现代生活中难以感受到的山区古村落的原生态！

(二十三)
听深圳客商一席谈

12 月 17 日　晴

今天是个好天气,上海的游客在游览了石头山寨后,并在万二村的地标——高高矗立的石塝处合影留念后愉快地返程了。快中午时,我又接到曾经在屯溪一中当老师时的学生打来的电话,说他的一个好朋友,深圳某公司董事长,在他的推介下要到万二村实地考察看看是否有投资机会。

下午,在我的陪同下,来自深圳的吴董事长一行全面仔细游览了万二村,在被这不同一般的独特村貌深深吸引后,吴董事长透露出参与开发万二村民宿休闲旅游的意愿,但他提出了一个非常明确的要求,那就是要有一个能让外来投资商、村民和村委会共同受益的长期稳定的合作模式。具体说来,就是可以由村委会成立一家公司,将村集体财产折成股份参与到合作公司中,同时所有参与进来的农家乐农户,同样在房屋估值以后以股份的形式加入公司。由于整个农家乐的改造和投资主要由外来投资公司投资,故而外来投资公司必须持有最大的股份并控股。他说,村委会成立的公司在参与到合作开发公司后,主要起到协调管理的作用,村委会成立的公司占有相应的股份,并参与每年的分红,由此可以逐年增加村集体在公司中的分红收入,逐渐壮大集体经济!由此看来,吴董事长的投资理念,是一个让多方共同参与,能兼顾多方共同利益,共同维护好公司经营,促进公司发展壮大,且能实现长远稳定发展的经营思路,或者说是经营模式。

听了深圳吴董事长的拟投资思路后,一下解开了我一直在思考的万二民宿旅游究竟如何搞的困惑,深圳大客商眼光就是不一样,缜密、周到、稳定、致远!可以说,这次深圳吴董事长的到来,给我们万二村旅游发展,尤其是民宿旅游的开发,指明了一条可行的新路子。那么,下一步就是我们思考如何加快启动万二村的民宿旅游了。

临别之前,吴董事长一再跟我们说,可以先搞几幢房子作为试点,让村民逐步接受,并加入民宿队伍中来,实现共同发展致富!

（二十四）
扶贫项目工程来不得半点马虎

12 月 25 日　晴

今天在万二村村口坦上，遇到村民们正在日头下聊天，他们聊到正在建设中的万二村农产品交易市场（即停车场）时，几个村民纷纷向我反映说，停车场没有按照规划设计图图样施工，在梯形水泥柱墙的底座浇筑上，原设计图底部为 2.1 米，而实际上施工者只浇注了 1 米多。未按照施工图纸施工，未来存在着很大的安全隐患！据说他们已从施工监理方拿到图纸查看过。我听后心里一惊，倘若真是这样，那必须是要立即整改的。扶贫工程事关重大，工程项目的质量必须确保，来不得半点马虎，任何人都不能触及这条红线！否则一旦出了问题，一切将为时晚矣。

在获得了村民的情况反映后，我觉得此事非同小可，便第一时间向乡党委书记方锦卫作了汇报，希望他能及时找来项目建设方、施工方和工程监理方共同核查,如果发现村民反映的问题属实,则需及时整改。

乡党委书记听到我的情况反映后,吃罢晚饭便匆匆赶到万二村,到农产品交易市场(停车场)实地察看。乡里书记刚到,便有好几位村民围了上来,共同反映此工程存在的情况和问题,并提出了好多疑点及工程问题所在。在一一听取了村民的反映之后,方书记当即表示,乡党委政府会尽快安排此项工程的相关多方来共同勘察,如果查出问题,一律严肃整改!

诚然,扶贫项目工程是最大的民生工程,必须要坚持标准,保证质量,来不得半点弄虚作假;工程的实施也十分有必要让广大村民来共同监督;对项目的日常管理也应当认真及时到位,尤其是项目监理方必须要切实负起责任来,加强施工现场管理,确保工程按质、按量、按时施工完成。此次村民反映的问题,为我们今后实施好扶贫工程项目提供一个很好的警示和借鉴!

(二十五)
冬闲不闲

12 月 26 日　晴

正是乡村冬闲时节,今天在万二村走访了几户村民,了解该村特色工艺竹编手艺情况,询问困难村民生活状况,并与村民共同商讨如何发展民宿,迎接万二村乡村旅游到来。

歙县昌溪乡万二村是一个省级贫困村,这里地处深山腹地,长期以来一直都延续着以种植采摘茶叶为主的传统农业。今年 5 月,我们新一批扶贫工作队入驻后,被万二村这个垒砌于高高石塝上的独特的山地古村落所震撼,在与村“两委”统一思想后,确定了把包括民俗休闲、摄影和艺术写生的多元化乡村旅游,作为万二村未来的特色产业,通过发展乡村旅游,让这里的村民走上一条脱贫致富之路。通过万二村扶贫工作队的努力,今年 11 月 4 日,上海师范大学天华学院有关领导来到了万二村与万二村共同签署了旅游扶贫合作协议,并创办旅游扶贫合作基地;近日,经上海师范大学天华学院介绍来的首批来自上海的游客入住万二村,成为这个村历史上第一批入住的旅游团队!

为了丰富今后的乡村旅游内涵,乘着冬日的晴好天气和农闲时光,我来到万二村的竹编艺人汪灶坤家,了解他的手工艺制作情况,并希望他的竹编产品成为万二村的特色旅游产品;万二村发展乡村旅游,民宿需要尽快启动,面对市场意识依旧十分缺乏的村民,则需要不断地去宣传灌输,为此我又来到了万二村村口的王家瑞家,与他共商民宿与旅游购物商店开办事宜。另外,在脱贫攻坚中,对新产生的困难村民需要重新关注,万二村昌前组村民吴仕荣,今年由于中风导致生活困难,于是我来到他家了解其病情以及看病就医情况,看看能否根据其实际病况以及家庭现状帮助其申请低保。

虽是农村冬闲时候,但对我们扶贫工作来说却不能有半点的休闲。作为扶贫工作队队长,在村一天就应当时时关注村民,特别是贫困村民,时时关注村里的经济发展,并尽最大努力去为村里做些力所能及的事情。

2018年篇

(二十六)
登高山走访 90 高龄的灶玉老妈妈

1 月 10 日　晴

万二村朝阳组的贫困户老人汪灶玉生于 1929 年,今年已 90 高龄。她生有 6 个孩子,4 女 2 男,大都在外地,只有一个 50 多岁尚未娶媳妇的小儿子跟她一块过。乡里考虑她家在高山上,生活实在不便,便让他们母子俩在乡敬老院安顿下来。一个月前,天气冷了,老人带着儿子回到了高山上的朝阳组的老屋住下了。

去年夏秋时候,我在万二村至昌溪村的村道上,几次碰到这位老人,瘦小羸弱的她总是右手拄着一根树枝作拐杖,左肩用一根短棍挑着一个很沉的旧布包,一步一颤地走在山道上,有时是去高山上的朝阳老屋,有时是从朝阳回敬老院,可走一趟就是 10 里路啊,还要加上爬四五里路的陡山才能到达。每次碰到老人家,我都会跟她聊好一阵子,她总是"同志哎……"而后是滔滔不绝地说着我基本能听懂的歙县南乡话。每一次,我都会耐心地听着老人家诉说——真的,面对着她感觉就像面对着自己年迈的母亲一样,虽然我的母亲比她小好几岁,就是有一种特别亲切的感觉!后来,我又到敬老院去看过她几次,有次是中饭后时间,她吃得迟,就一个小炉子炒了一个素菜,就着菜稀饭吃。虽然对贫困户国家给了不少帮扶,但毕竟这么大年纪的老人家还要自己做自己吃,着实有点艰辛!听她说她在外地的五个子女每年就是过年来看她一下,每人给她个几百块钱,当天就走了……

一晃快一个月过去了,我去年底买了些奶粉、蜂蜜欲带给老人,可天冷了,她回到了高山老屋,跟儿子一道。

今天趁着晴好的天气,在万二村党总支书记吴献华的陪同下,我带上上次买的东西,从万二中心村开始登山四五里,终于在高山之巅只有两三户人家居住的朝阳自然村的一间老旧的土屋里找到了汪灶玉老人!

老人家看见我就像见到亲人一样,又是拉着我的手开始了原先我听过多次的滔滔不绝的"诉说"。我依然微笑着、静静地听着,一如听着一个母亲对儿子的唠叨。半个钟头后,我们起身要走了,老人拉着不让。当我们走过老人屋后窄窄的巷子,老人还在巷口望着我们,向我们缓缓挥动着瘦弱的手!我用手机拍下了送别的老人,这送别的身影不仅留在了我的相册里,更留在了我的心里!愿灶玉老妈妈健康长寿,快快乐乐地过好今后的日子,幸福生活每一天!

（二十七）
村民捧来绞股蓝送给我

1 月 11 日　晴

我自去年 5 月驻村扶贫后，也不知怎么的，血压比以前高了不少，时常头昏脑涨，也许是工作压力大的缘故吧，毕竟扶贫不是一件轻松的事儿。

按照万二村村医、也即万二村党总支书记吴献华给我的诊断，我已经达到高血压标准了。这可不是个好事儿。又听村里人说，万二村有一种草药叫绞股蓝，用它泡水喝可以防治高血压病，而且这个村绞股蓝还不少，基本都是野生的。再进一步询问了解到，原来，大约在 20 年前，村里有一个在外做中草药生意的人，发现万二村的村道旁和溪涧树荫之下，有野生的绞股蓝，他便动员村里人去采，他包收购。据说当时绞股蓝收购价格不错，村民几乎家家户户都去寻找采摘，有的干脆就自己种起来。可好景不长，这草药价格又大跌了，之后也就无人再采摘了。因此,如今村里稍微年纪大点的,都知道绞股蓝,一问起,他们都会脱口而出:"知道,就是五爪金龙(这草药长得又细又长,细长的藤蔓上伸出的叶子犹如张开的五趾龙爪一般),治高血压的。"我回去在百度上查询,它确实是难得的降血压的好药材。

今天,热心的村委吴本焰一吃完午饭,乘着还不到上班时间,带着我到万二村的溪涧边去寻找绞股蓝。在昌前组,看到我们在寻找绞股蓝,组长很快回家拿了一大捧出来,递给我,说:"拿去,这是干的,药效要比新鲜的好。"我说给钱,他脸上一下露出了责怪的神情:"这话说的,给什么钱,都是野地里的,又不是什么好东西,多得很,这是去年冬天采的,你拿去,泡完了我再去搞给你!"一时我不知说啥好,道谢后就收下了。

上班的时间到了,我们来到村委会,这时,万二村一位退休老师正好到村委会来转转,看到我们采摘的绞股蓝,又听说我有高血压,就说他家里也有,要给我带点回去泡茶喝。我说我有不少了,不用了。岂料,半个钟头后,这位退休教师爬上了村里最高处他的家里,拿来了一捧又粗又壮的绞股蓝干藤,他对我说:"这还是家里老太婆三年前采的,放在家里一直没泡茶喝,老太婆前年去世了,你拿去吧,这个泡着喝对降血压非常好的,还可以降血脂……"当我接过绞股蓝时,我一时不知说啥好,热血涌上心头,内心充满感激!对我这样一个外地来的扶贫干部,也没有为村里作出啥贡献,可他们对我是那般地关心关爱。谢谢你们,我的万二村村民,我的父老乡亲,我只有在今后扶贫工作中更加努力,为你们真正做点事情,才能报答你们的一片拳拳之心!

（二十八）
“徽州布达拉宫”的雪……

1月26日 雪

一夜的朔风凛冽，一夜的大雪纷飞……

这是我入驻万二村后的第一场雪。这雪一改昨天夜里的肆虐疯狂的野性，清晨给人展示的是另一种迷人的景致：绵绵轻柔、静谧温馨，把远处的每一片山林、近处的每一幢民居、身边的每一处杂草树木都轻柔地包裹着。这浑然一色的厚厚洁白的温柔，让我想起了宋代名画《雪山寒林图》来。

万二村的雪啊，这般地脉脉含情、温柔可人，就这样安详地静静地拥着这高高耸立、气势恢宏、浑然天成的石塝上的村庄。这是温柔与刚毅的结合，是阳刚与阴柔的交融，这世间的最美，在我扶贫的大山深处的万二村正悄然地展示，犹如冬日里一簇古朴典雅、迎风绽放的素梅……

万二的雪是寒冷而温暖的，冷的是它地处高山深处；暖的是大雪一落，年关的脚步也就越来越近了……到那时候，家家农舍又次第迎来外出打工的游子，那冷清了整整一年的家啊，又会在袅袅炊烟、人欢犬吠和阵阵爆竹声中热闹起来了！

（二十九）“把脉问诊”石头山寨乡村旅游

2月2日 晴

雪霁，冬日暖阳。2月2日，由市社科联牵头市社科界专家学者一行10余人，来到歙县昌溪乡万二村这个地处深山、垒砌于高高石塝上的石头山寨，为万二未来乡村旅游发展“把脉问诊”。

石头山寨万二村是一个有着400多年历史的徽州传统村落，从明末开始，万二村的先民从山外迁徙于此，开山取石，垒石砌塝，在深山坳里，依山就势造出了200多幢徽派民居，层层街巷，纵横贯通，巧妙延伸，三四层楼房随处可见，整个村落气势磅礴、浑然天成，让每一位初识者都为之震撼！市社科界专家学者在实地考察万二后，个个都对这个保存得如此完好的古老的村庄赞不绝口、啧啧称奇！

在随后召开的座谈会上，专家们听取了万二村党总支第一书记、扶贫工作队队长对万二村扶贫工作及正在走旅游扶贫之路的情况介绍。继2017年整村出列、跻身"黄山市百佳摄影点"和通过省级美丽乡村验收后,该村正全力冲刺"中国传统村落"。社科界的专家们在对万二村的扶贫成果及正在探索发展乡村旅游的实践予以充分肯定的同时,纷纷为万二村今后发展乡村旅游献出"锦囊妙计"。

徽学专家翟屯建首先感慨道:"我是第一次来万二,看了后让我十分震撼!黄山市竟有这么一个独特的村落还未被外界发现。万二村目前发展乡村旅游的思路把握得很准,下一步要注重把万二村的传统文化作深入挖掘;市社科联可把万二的乡村旅游发展作为2018年的社科项目来做,这也是精准落实乡村振兴战略的实际行动;要借助摄影界策划一个大型活动,力推石头山寨万二村。我相信,有这么非常独特的资源,万二村能够成为黄山市最美乡村、最美景点!"

"万二村的旅游资源有着非常显著的优势,与其他村落相比差异性十分明显。这里最独特的是'石',还有古樟、竹林、溪水,这里的民居完全没有雷同一面的,而是依地势建造,对山地的利用达到了极致!这个高山的石头村落的形成,一定是一个厚重积累的过程。"黄山学院原副院长、教授汪大白指出,"目前要做的是,一是要对外争取旅游发展机遇;二是要对村落加强更加严格的保护;三是要对村庄传统文化进行挖掘整理。待万事俱备后,届时定会厚积薄发。"

黄山学院教授方利山认为,现在许多乡村都在搞"晒秋",但都是做出来的。而走进万二村,看到万二村的一切却是原汁原味的,原生态是万二村的重要特色。从这高山深处石头山寨,我们能随处感受到徽州山民当年的艰辛、智慧与创造力,还有蕴藏在高大石塝里的坚韧不拔的精神!

徽州博物馆馆长陈琪则从文化传承、风貌控制方面献言献策，他说道："万二村旅游发展，文化的挖掘要加紧进行，比如万二村'王、汪'二姓的迁徙、融合，在矛盾中发展，共同推动万二村的兴盛；当前要特别注意对村庄里的现代建筑进行严格控制，现代色彩的墙体屋顶要做相应处理。"

"一进万二给我的印象就是两个字——震撼！可以说任何一个人第一次看到万二都会有同感，这样的石头村，在皖南没有看到过，可做大文章。"黄山学院旅游学院党总支书记毕民智抑制不住惊喜之情，"现行的国家旅游规划给皖南的定位就是打造休闲城市群，万二村赶上了这一发展机遇，一定要保护好规划好。"

"万二村这样一个独特的原生态村落，一定要让有实力的企业来投资开发；在外来投资商进入之前，可鼓励村民先行开发民宿休闲，同时，对不同季节要有不同亮点的打造。"市招商局副局长胡文广从招商角度亮出了他的观点。市社科联技术顾问吴兆龙则提出：万二要解决交通"瓶颈"问题，增加可进入性；同时招商引资步伐要加快，让这个山水优美、民风依旧的原生态村落，尽快走向山外。

"万二村是我的家乡，我为我的家乡有如此独特的资源禀赋感到骄傲！"安徽日报社黄山办事处主任吴江海更是满怀深情，他认为万二村发展乡村旅游有着相当大的优势，一是黄（山）千（岛湖）高速公路即将开通，昌（溪）石（潭）公路已经建成，使得石潭到万二村仅需半个钟头的车程，这些交通条件的改善都给万二发展旅游带来了机遇。万二村一座山的背后是阳产，另一座山的背后是文昌古道，万二村有了相连优势，可挽手融合发展。他希望把摄影点要搞好，方便广大摄影爱好者，并加快扶持几家农家乐。当外出务工的青壮年都想回乡创业时，万二村乡村振兴就有希望了！

市社科联党组书记、主席杨永生在各位社科专家、学者对万二村未来旅游发展献计献策之后表示：发展乡村旅游是乡村振兴战略的重要部分，旅游扶贫更是一条适合我市农村脱贫攻坚的精准而有效的途径。在这方面，作为省第七批扶贫工作队派出单位，市社科联将不遗余力地加大对万二村扶贫的支持力度，让万二村早日迈入乡村旅游快车道，力求走出一条村民、村集体、外来投资商“三位一体”共同参与开发的股份合作发展之路！

（三十）
实施乡村振兴战略，万二怎么办？

2 月 14 日　日

农历新年快到了，万二村在外打工的党员最近也都纷纷返村了。抓住这个时机，万二村党总支召开了党员大会，我在会上为全体党员上了一堂党课，党课的题目是“实施乡村振兴战略，万二怎么办？”下面就是我这次党课的主要内容：

党的十九大报告提出了我国今后一个发展时期的十分重要的发展战略，那就是实施乡村振兴战略，并作为推进国家现代化的七大战略之一，由此表明，新时代农业和农村经济工作的总抓手就是乡村振兴！不久前，中共中央、国务院发布了《关于实施乡村振兴战略的意见》，这也是新世纪以来，党中央连续发出的第 15 个指导“三农”工作的一号文件，这些都充分表明了一点，新时期党中央把农村工作，把解决“三农”问题摆上了更加重要的位置,成为全党工作的重中之重。

一、为什么要提出乡村振兴战略?

党的十九大报告指出,我国社会主要矛盾已经转化为人民日益增长的美好生活需要和不平衡、不充分的发展之间的矛盾。大家注意到没有,发展不平衡、不充分与我们当下中国的广大农村,特别是贫困村密切相关,也就是说要解决好发展不平衡不充分问题,重点就是在农村。具体不多说了,主要表现在农村的基础设施和农村社会公共服务水平、农民的收入等方面,全国还有3000万贫困人口需要脱贫,这就是差距,这就是发展中的不平衡、不充分。我们还必须清楚地认识到这一点,没有农业农村的现代化就没有国家的现代化,没有农村的小康就没有全国的小康,没有乡村的振兴,就没有中华民族的复兴!正是这样,党中央十分清楚地看到了这一点,所以,党的十九大明确而响亮地提出了把实施乡村振兴战略作为推进国家现代化的七大战略之一,由此吹响了新时期“三农”工作的崭新号角。

那么,十九大报告对乡村振兴战略的总体要求是什么?党中央十分精辟地概括为“产业兴旺,生态宜居,乡风文明,治理有效,生活富裕”的总要求,总的目标就是到2050年乡村全面振兴,农业强、农村美、农民富全面实现。所以说,十九大提出的乡村振兴战略,令人振奋,鼓舞人心,却又任务艰巨,任重道远。

二、在实施乡村振兴战略中,万二村该怎么办?

大家知道我们万二村是一个省级贫困村,全村1652人中,2014年建档立卡的贫困户有 92 户 251 人，通过几年的脱贫攻坚，去年底终于实现了整村出列，目前仍有 6 户 20 人未脱贫，而已脱贫的，说实话脱贫的质量并不是很高，换言之，就是说广大村民的人均收入并不高，而且不稳定。因此要达到乡村振兴要求的生活富裕要求还有差距。那么，按照前面说的乡村振兴的总体要求，我们在产业兴旺、乡村文明上都还有不小的差距，比如我们万二村产业仍然还是沿袭着几百年的传统种植业如茶叶生产，还有油菜、玉米、黄豆等，几乎没有其他新兴产业；比如，乡风文明上，虽然我们通过了“安徽省美丽乡村中心村”的验收，我们在基础设施、公共服务等方面比以前发生了很大的变化，村民的精神面貌和文明程度都在提高，但我们不得不承认，还有极少数村民的文明素质的确有待提升，村里还有动不动就恶语伤人，甚至拳脚相加的情况发生，垃圾、烟头随地乱扔等等。

那么，对照乡村振兴的总体要求，针对我们村目前还存在的差距及问题，今后该怎么办？或者说，怎么去走乡村振兴之路？我想，我们可以从以下方面去共同努力。

一是寻找一个新的产业突破口，即加快启动发展以原生态村落体验、民宿休闲、摄影写生为主的乡村旅游。

我们这里地处深山腹地，不可能发展工业，而农业增产增收难度较大，我们只能在第三产业上做文章，那就是在旅游业上去考虑去动脑筋。十分幸运的是，我们拥有一个独特的石头山寨，这是老祖宗给我们留下来的财富，是徽州山地古村落的杰出代表，所有来到万二村游览观光的人对万二村最深的印象就是“震撼”。我们这里一边大山的背后是阳产土楼景区，一边大山背后是文昌古道，我们位置居中，完全可以挽手它们共同发展。

我们去年就连续不断地加大万二村的对外宣传力度，由于村庄布局似西藏布达拉宫，石头山寨万二村“徽州布达拉宫”已名声在外。许多人开始关注并期望来万二旅游观光。去年11月，通过我们扶贫工作队的牵线搭桥，万二村与上海师范大学天华学院签署了旅游扶贫合作协议，并举行旅游合作基地揭牌仪式；12月16日第一支近20人的上海旅游团队正式入住万二村，拉开了万二村乡村旅游的序幕！

12月份，我们又与深圳投资商进行洽谈，达成了以村民、村集体及外来投资商“三位一体”的股份合作方式发展民宿旅游的意向，当然，我们期望有实质性成果。

我们万二村基础设施，正在改善。昌前组狭窄村道改道拓宽，由过去的3.5米增至5米宽，目前征地已经完成，不久将开工。万二村的农贸市场及停车场正在打造。对万二村有污染影响的村口养猪场，也很快将搬到瓜坑坞山里。

此外，我们还正在努力，争取县交通部门对万二进村路口进行改造。

万二村去年以全市第一名的成绩顺利通过了“安徽省美丽乡村中心村”验收，努力争取并跻身“黄山市百佳摄影点”，目前正在冲刺“中国传统村落”，一旦成功，我们又可获得300万元的发展资金投入。在乡村旅游启动下，村里的不少村民有了投身搞乡村旅游的想法，这就是万二村村民参与乡村旅游的希望！

由此，我们相信，万二村今后的产业突破口，就是要走乡村旅游发展之路。一旦乡村旅游搞起来了，受益的必将是广大村民，特别是贫困村民。我们今后可以围绕旅游，在乡村土特产品的销售、手工艺品的销售、种植和养殖业方面做很多文章。这一切，都需要我们去共同努力。

二是思考如何带动村民走乡村旅游的道路。

首先，就是要发挥好党总支的领导带头作用，在党总支的带领下团结村民、带领村民积极投身乡村旅游业的发展。其次，那就是要靠在座的全体党员同志，去引领村民，示范给村民，共同投身发展乡村旅游。你们是党员同志，党员是先进性代表，有理想，有信念，有素质，理应当好万二村发展的“领头雁”。最后，就是要发挥好人才的作用，特别是外出创业的人才，在座的就有不少，希望你们要有回馈桑梓、振兴乡村的抱负，能够回来带领村民共同发展乡村旅游，在家门口创业，实现创业的梦想！

我深信，只要咬定目标，在村“两委”和全体村党员的带领下，万二村一定会在不久的明天通过发展乡村旅游，真正走向脱贫致富道路，书写出万二村新时代的“三农”新篇章！

(三十一)
遭遇五十年一遇龙卷风狂袭

3月5日 阴

昨天傍晚6时许,歙县昌溪乡三个村,均遭受到近半个世纪以来的最严重的龙卷风袭击。恶劣的对流天气霎时狂风大作,给三个村带来了不小的损失,而万二村似乎更为严重。

上午,从屯溪赶回村里,即跟村党总支书记一同查看灾情。一进村,但见村口的水口林一棵直径50厘米的苦槠树竟被狂风连根拔起,几十米的大断枝从上方直接砸下来,横挡在进村的道上,幸亏没砸着人。

在村民汪桐玉的带领下,我一口气走访了下坦片好几户受灾户。大家见我来了,纷纷拽着我,诉说起昨天大风给村里带来的损失,我边听边看边拍照,深为受灾村民惋惜,同时鼓励他们要马上开展生产自救,后面县里一定会有救灾资金安排给重灾户的。令人欣喜的是,在下坦受灾户贫困户汪小明家,我看到户主夫妻俩已从外面挑来了瓦片，正在屋顶上重新垒瓦，从他们的脸上，虽然看到了灾后的无奈，但看到更多的是自救的信心与乐观的精神！当然，也有极少数村民在一个劲地怨天尤人，一心指望着政府能给钱补助。

村委会对面的王家祠堂是这次风灾中受损严重的集体财产，靠青龙巷一侧的半壁墙已被大风摧毁，砖瓦满地，一片狼藉。好在紧挨着的村民王根生家没有被压到，真是不幸中的万幸。

在走访众多受灾户时，我到了村庄最上头的汪老师家察看，这是这次受灾最重的一户：一棵粗大杉树直接砸到他家房屋上，几乎一半的屋子受损，房顶被砸出了一个大洞，屋内可看到大片的天空。他的儿子上午就从外地赶到了，正跟父亲一起抢修，说是先除去危险，暂时弄下，只待天气好转后再做进一步的修缮。汪老师告诉我，天灾没办法，只能自己先想办法抢修，不能等、靠，也不好多伸手向政府要。此番话让我内心很是震动！在重大灾害面前，有这样的村民，还有什么困难不能克服呢？

万二村的特大风灾后，乡党委政府领导以及村“两委”干部和我们扶贫工作队都给予了高度的重视，乡党委书记、乡长及时赶到村里，走村入户了解灾情，并现场对重灾地方做了救灾抢修工作部署；村“两委”干部身先士卒，率领村民投身抢险救灾中，并与及时赶来的电力、通信部门职工一道在最短的时间里恢复了通电、通信以及用水。仅一个上午时间，从昌溪村进来的村道已经畅通，村口水口林被连根拔起的大树也很快被有效地清理了。下一步，村里将对重点受灾地方进行抢修，同时尽快清理杂乱砖瓦和树枝，让古朴典雅的“徽州布达拉宫”石头山寨万二村尽快恢复其原有的美丽容颜！

(三十二)
万二旅游新气象

4月11日 晴

今天在万二村村口碰到了市里来的一个旅行社的几位负责人,他们是为计划今年的旅游线路来踩点的。听说我是这里的扶贫工作队队长,他们一个劲地兴奋地对我说:"你们万二村这个地方实在是太独特了,很有特色,看了后我们心里一直很激动,定下来了,过几天带30个游客来万二旅游观光,并吃中饭。"我说:"好的,希望以后能带来更多的旅游团来万二。"随后,我跟身旁的村党总支书记吴献华说帮他们联系一下农户就餐问题。

送走了旅行社踩点的客人,几分钟后,没想到,献华书记又接到了一个外地的电话,在本月底或五月初有一个60多人的企业旅行团来万二旅游,希望能够安排就餐。我的心仿佛一下乐开了花!真的没想到,在短短的时间里就预定了有近百人将要来万二旅游并就餐。这让我们深切地感觉到，自去年下半年以来，我们推出的“徽州布达拉宫”的旅游品牌，已经逐步地打出去了，并且取得了很好的宣传效果，外地的游客，特别是旅行商已逐步开始关注这个地处歙南深山腹地的独特石头山寨。

万二村的乡村旅游，正如这四月的天气一样逐渐在升温。4 月中旬，上海师范大学天华学院也将组织旅游管理学院的 100 名旅游专业的大学生前来万二开展旅游实训和扶贫活动。中午吃饭时，我又接到了我的学生、上海师范大学天华学院管理学院院长程葆青的电话，进一步具体落实了他们 4 月中旬将组织百名大学生来万二旅游扶贫活动的有关具体事宜。电话里，她又跟我谈起了万二村农产品销售问题，希望能给万二村的农产品销售提供帮助。她还具体指导我们，可以把万二村的茶叶打造一个品牌，开展网络销售，并表示，天华学院作为与万二村共创旅游扶贫合作基地的一方，也有帮助万二村进行网销经营的责任。程院长如此关心万二村的发展，让我心里很是感激，这不仅体现了一个曾经的学生对老师的感恩与尊重，更体现了新时代的大学老师，对贫困村关心备至的那份情怀。是的，这份情怀，不正是推动万二村扶贫工作的动力吗？作为省级贫困村，正在走旅游扶贫之路的万二村多么需要更多的这种动力啊！

万二村乡村旅游今年伊始，已经呈现出新的气象，它预示着这里的乡村旅游正在逐渐兴起，那么摆在我们扶贫工作队和村“两委”面前急需去做的，就是为到来的游客创造一个好的旅游环境。这不，正在建设中的万二村农产品交易市场、停车场工程需要加快进度了……

（三十三）
上海高校百名大学生来到石头山寨

4 月 17 日　晴

4 月 17 日，对歙县昌溪乡万二村来说是一个值得纪念的日子！上海师范大学天华学院 100 名旅游管理学院的学生，在老师的带领下来到万二村开展旅游扶贫实训，这是上海师范大学天华学院第二次组团到万二村开展旅游扶贫活动。

万二村是刚刚出列的省级贫困村，去年 5 月，万二村新一批扶贫工作队入驻万二后，被万二村这个垒砌于高高石塝上的、貌似西藏布达拉宫的石头山寨村落深深吸引。经过深入调研，万二村扶贫工作队与村“两委”共同确定了打好“徽州布达拉宫”旅游品牌、闯出旅游扶贫路子的发展思路，并以此作为乡村振兴的突破口！

为此，万二村不断加大对外宣传力度，新华网安徽频道、《安徽日报》《黄山日报》、黄山电视台等都对万二村做了走旅游扶贫之路的多角度、全方位的宣传报道,石头山寨万二村由此声名鹊起!经万二村扶贫工作队队长的牵线搭桥,去年 11 月,上海师范大学天华学院负责人来到万二村,与万二村村委会共同签署了旅游扶贫合作协议并举行了共创旅游扶贫合作基地揭牌仪式;12 月,上海师范大学天华学院带来了首批 20 人的旅游团队入住万二村,拉开了万二村发展乡村旅游的序幕!这次到来的 100 名大学生旅游扶贫实训团,分成 6 个组,分别就"万二村如何发展民宿休闲"和"万二村吃、住、行、游、购、娱"两大方面展开实地调研,并将形成调研报告。学院将把有价值的调研报告及时反馈给万二村。这次上海师范大学天华学院百名学生的到来,把万二村与上海高校的旅游扶贫合作朝更深层次推进,大大提升了万二村发展乡村旅游的信心,并为万二村今后迈步走向大上海赢得了广阔的旅游市场!

万二村"两委"和扶贫工作队对此次上海师范大学天华学院百名学生的到来做了精心的准备和安排。同时,餐饮服务几乎全部由村里的贫困户来承担,贫困户在参与接待服务中获取一定的报酬。前来参与服务的贫困户吴丽兵高兴地说:"现在正是采茶的季节,今年茶叶鲜叶卖不起价,今天接待学生,帮助洗菜、烧饭、端菜,拿到的钱比采三天的茶叶拿到的还要多。"

今年以来,万二村加大基础设施建设投资力度和环境污染整治,村口污染严重的养猪场已全面完成搬迁,万二村停车场即将竣工,昌前段改道拓宽工程即将开工。同时,万二村进一步加大了对外招商力度,目前正在与深圳、上海的投资商洽谈发展乡村旅游合作事宜,以期尽快走出一条村民、村集体、外来投资商"三位一体"共同参与开发的股份合作制经营发展之路！由此，万二村未来的乡村旅游将是开放式的合作共赢、稳定长远的合作发展，万二村的村民，尤其是贫困村民必将受益于乡村旅游业的蓬勃兴起！今天上海师范大学天华学院百名大学生的到来，让我们对万二村走旅游扶贫的乡村振兴之路有了更加十足的信心！

（三十四）
对你的信任，来自你让他看到了希望

4月25日　晴

为切实落实脱贫攻坚“三大行动”，迎接省扶贫巡查暗访组的到来，最近一段时间，我们昌溪乡各个村在乡党委政府的统一部署下，乡、村、扶贫工作队联合攻坚，上门入户，把工作做实做细。今天上午，我们万二村扶贫工作队和几位乡干及部分村干一起，走访了在家的万二组吴桂林户、王加俭户和搬迁至昌溪村的王孝道户。与去年不一样的是，今年乡扶贫专干跟我们一道核查贫困户档案材料，除了一般的核实询问外，乡扶贫专干特别对今年低保户是否被拿掉、有无新生或死亡人口以及有无新生入学等方面做更加细致的了解，完善资料。诚然，一个细节的忽视及疏漏，就会直接影响着贫困户信息的准确及后面的精准帮扶！

我们最后来到的是今年预脱贫的贫困户王加俭家。在了解询问并核实了档案材料后，大家正欲打道回府，王加俭却拉着我没有让我走，硬要留我坐下，说是要向我咨询一下发展乡村民宿一事，并说他在万二村村委会旁边有个老屋，很想搞个民宿，并反复问我究竟行不行。话语间，我听明白了他的担忧：一是万二村的乡村旅游究竟能不能搞起来，也即有没有前景？二是投资民宿究竟能不能有把握赚钱？针对王加俭提出的问题，我从三个方面回答了他：一是去年下半年以来，万二村大打徽州乡村特色旅游品牌，走旅游扶贫路子，这是万二村乡村振兴的必由之路！二是万二村通过一年的宣传推广，对外影响已越来越大，市里及外省都有不少游客前来探访，一周前上海师范大学天华学院百名大学生旅游扶贫实训团的到来，还有 20 位江苏画家采风写生团来万二，包括已确定的 5 月 31 日苏州星期天户外旅行社将带来 60 位台湾企业家旅行团游览万二村，并在万二村用餐，这一切，都说明万二村乡村旅游正在兴起，往后相信一定会越来越火！三是由于村里现在暂时还没有招来大的客商整体投资开发乡村旅游，村里的住宿还没有搞起来，餐饮接待能力有限，所以我们基本没有对市里任何一家旅行社开展促销活动，确切地说还不敢招来大批游客来万二，但村里今年的扶贫资金投入的项目——万二村餐饮服务接待中心一旦搞起来，一次性能够接待五六十人用餐，到时候我们就会全力对外宣传促销，游客就会迅速增加，就一定会形成“羊群效应”，也就是游客会蜂拥而至！谈到这里，我鼓励道：“就冲这些，你说民宿能不能搞？敢不敢搞？你是万二村最有经济头脑的人之一，也是有想法有闯劲的人，搞民宿，你一定能搞起来的，相信我的判断和预测！”

王加俭十分认真地听着我说，表情越来越兴奋，说话也越来越激动起来。他说:“我想试试,我还想把老屋边上的两幢别人家的房子也买下来一起拿来搞民宿!”我说:“可以啊,早搞早发财呀!”我突然想起村民搞民宿,县里旅游部门好像有一定资金补助。这下王加俭又乐开了!这位万二村出了名的“难缠户”,也就是说你怎么帮他他对扶贫工作都是不甚满意的这样一个人,这时候说了一番话把我深深震撼了:“原来我对你们反复来我这儿我一直不很满意,因为你们没有真正给我们贫困户找到一条稳定脱贫的路子和办法,今天我跟你吴书记谈了这些,我非常满意,我听你的,你让我有信心了。还是你们市里来的人有头脑,有办法,也有人脉,就是不一样啊!”一年了,这位在大家眼里的“难缠户”总算相信了我,更准确地说应当是信任了我一回!看着这位因病致贫的贫困户原本灰黄的脸上,因为有了希望而兴奋和激动得泛出了红晕,我心里也很是慰藉,也更加认识到了扶贫工作的实质与肩上不轻的责任!当然,我也清楚,要让贫困户王加俭最终满意,让这户今年能顺利且满意地脱贫,还有许多工作要跟上。

努力吧,我这里自己给自己加油!

（三十五）
意外获悉：
北大原校长王恩哥曾来过万二

5月2日　晴

今天是五一假期后上班的第一天，我早早回到了万二村。听村民说五一假期几天来万二的游客不少，每天都有好几百人，都是来自江苏、浙江，还有本省合肥、安庆、铜陵的，也有几位北京的游客。今天仍能看到许多游客陆陆续续在村里兴致勃勃地游览。

在村委会碰到昌溪村党总支书记冯云利，他正带着一帮外地朋友来游览万二村。在跟他聊天中意外获悉，前年原北京大学校长王恩哥来过万二村考察观光，冯云利书记当时是陪他一道来的。他回忆说，王恩哥校长看到万二这座层层垒砌在高高石塝上的村子十分惊叹，口中反复说道"真不容易，真不容易"，一再盛赞万二先民们的智慧和力量，并对这个独特的村庄表示出浓厚的兴趣。冯云利书记还在手机上找出了他当时与王恩哥校长的合影照片。冯书记说，原来他拍了许多王恩哥校长的照片，但手机丢失了，只剩下这张发给别人看的照片，很可惜。即便如此，我依然万分欣喜，赶紧让他把照片发给我，我说这张照片对今后万二村发展乡村旅游非常重要。试想一下，一个中国顶尖一流大学——北京大学的校长来过这穷乡僻壤的小山村，对这个山村所起到的名人效应和宣传作用那该有多大！我为此兴奋了好长时间。

之后，我回过头又问乡里了解情况的人，对王恩哥校长当时来万二的情况有了更进一步的了解。原来那年王恩哥到了中国历史文化名城歙县后，问县里的领导说："你们这儿有没有不同一般的村落，比较独特点的，想去看看。"恰好当时在场的一位了解万二村的人说："还真有一个，那就是昌溪乡的万二村，那是个在石塝上的村庄。"于是王恩哥和当时的北京大学景观学设计院院长一同来到了万二村，一下就被这个独特的村庄迷住了。他对身边的景观学设计院院长说："这个村庄相当有特色，你们学院可以对这个村庄进行整体的规划开发，一定会有前景的。"据说回到县城，他们很快就跟县政府签署了关于开发万二村的投资意向书。哪能料到，当王恩哥校长和北大景观学院院长再次来到万二做进一步考察时，正值皖南的梅雨季节，在进山途中，这两位来自首都的校长和院长，看到了几处对我们山里人来说再常见不过的水毁山体塌方路段，在他们眼里却犹如发生了地震！可能考虑到安全因素，本来能给万二村带来重大发展机遇的大好事，就这样一下泡了汤。如今想来，这的确是一个非常大的遗憾！当然，这也充分印证了万二村这个深山区的小村落，其资源禀赋是非常独特而有很大开发价值的。由此，也更加坚定了我们在扶贫中因地制宜走旅游扶贫乡村振兴之路的信心！

(三十六)
央视记者来万二村进行直播踩点

5月12日 阴

随着"徽州布达拉宫"石头山寨万二村的对外影响力的不断扩大，万二村引起了黄山市市委市政府外宣办的关注和重视。今天，市外宣办副主任赵俊燕带领中央电视台安徽站技术总监刘振和央视记者任嬛来万二进行现场直播踩点。

冒着绵绵细雨，央视记者一行穿街走巷，深深被这座始建于明代末年，层层矗立在高高石塝上的独特村庄的大气磅礴、浑然天成所震撼！顾不上雨下个不停，他们边走边不停地拿起手中的相机和手机选景拍摄，撷取充满灵感与意境的镜头。

随后，在古色古香的万二村村委会会议室，央视记者一行与万二村扶贫工作队和村"两委"座谈，详细了解了一些有关万二村的历史和扶贫工作开展以来万二村的变化。央视记者们希望能尽快把万二村的历史文化与传说故事挖掘出来，央视有关栏目将会适时前来对万二村进行现场直播报道。

据了解，央视记者近年来对黄山旅游发展，特别是特色乡村旅游进行过多次现场直播，比如对徽州区呈坎古村金秋时节的“晒秋”的直播就取得了非常好的宣传效果，呈坎古村在央视直播后的对外知名度迅速大幅上升。今天，央视记者来到石头山寨万二村踩点，既反映了“徽州布达拉宫”石头山寨的独特村庄对记者的吸引力，又体现出央视对贫困村及扶贫工作的关注与聚焦。但愿央视记者此次的现场直播踩点，能在不久变为正式直播。而一旦万二村能通过中央电视台进行现场直播，对我们这个省级贫困村走旅游扶贫乡村振兴之路，必将是一个巨大的推动！

（三十七）
为外婆奔丧期间不忘替村里考察项目

5月18日　晴

95岁的外婆3天前去世了，她是我一生中最亲的亲人。从我记事起的小学、中学的每个暑假和寒假，我几乎都是在徽州区潜口乡潜口村我的外婆家度过的。也正是在外婆家，外婆带我最早地接触了农村，接触到了农民，当然也接触了不少农活，这些对我来说是一生的财富。

在赶往潜口村参加了外婆葬礼后，今天上午，抓住机会，在徽州区岩寺镇镇长表弟陪同下，我来到西溪南镇的黄山石斛生态有限公司——一家浙江义乌人创办的石斛种植基地，详细了解铁皮石斛的种植与销售情况，并与公司负责人初步达成了对万二村石斛种植的帮扶意向。

铁皮石斛是我国名贵的中药材，主要产区在我国浙江义乌、安徽六安，以及湖北和贵州的同纬度地区，对阳光、温度和湿度及浇灌用水的要求十分苛刻，但其药用价值和市场价格很高。针对万二村目前在家的村民主体——留守老人和妇女，如何找到一个能适合这样一个群体从事的种植项目，这是我驻村扶贫后一直在思考的问题。因为几年前，我就听说了黄山市招商引资引进了浙江一家农业企业，在徽州区西溪南镇发展铁皮石斛种植，且有了一定的规模。今年年初，我曾同几位村民，尤其是贫困村民交谈过能否把名贵中药材铁皮石斛引进万二村种植一事，大家都表现出很大的兴趣。因此，在赴潜口为外婆奔丧前一天，我就与表弟联系考察铁皮石斛基地一事，并请他帮助联系好前往考察事宜。

经过具体了解、实地察看与深入商谈，我和该公司负责人初步达成了由该公司帮扶万二村村民发展种植铁皮石斛的意向。届时，他们将派人来万二村实地考察空气、清洁水源以及无污染土壤环境等，在条件环境符合要求的情况下，他们将支持并指导万二村种植铁皮石斛，同时帮助村民做好铁皮石斛的销售。

(三十八)
忙,并快乐着的一天

5月29日 晴

继4月中旬万二村迎来了首个画家采风团——江苏省南通市美协近20人组成的写生团后,今天上午,歙县县政府又邀请了安徽省美术家协会近30位画家来万二村采风写生。

省美协采风团里,有我已经熟悉的老朋友,他是省文联驻会画家、省油画学会副主席杜仲。那是在油茶花开的时候,经人介绍,他来到万二写生,一下就被这深山里的石头山寨迷住了,一待就是3天。这次省美协组织的画家采风团,也是在他的提议下到万二村的。看到这么多画家到来,我心里甭提多高兴了,充满激情地为画家一行当起了导游,带他们在整个村庄转了一圈,也是让他们熟悉下万二村。随后,画家们各自踩点,托起画夹,支起画架,开始了各自的创作。

与杜仲老师紧挨在一起的是一位曾经在法国巴黎大学留学(该校

曾是我国美术大师徐悲鸿学习过的地方）并在法国待了 18 年的画家杨教授。杨教授边画边与我攀谈道："一进万二村，就激起了我的创作欲望，这真是一个神奇的村落，这个村庄的层次感与原生态实在是太美了！"他希望地方政府要好好保护好这里的一切，一定会有更多的画家来的！

在匆匆接待完安徽省画家赴万二村采风写生团后，我一吃罢中饭，就与昌溪乡党委副书记方惠丽、乡党委委员朱明明一道，带上万二村"两委"主要负责人赶往徽州区，就万二村即将启动的民宿休闲旅游进行实地考察学习。到了徽州区，我们一行马不停蹄地先后来到走在我市民宿休闲旅游前列的潜口镇坤沙村、蜀源村和洽舍乡长潭村，对不同形态的民宿做实地考察调研。尤其是洽舍乡长潭村一行，让我们一行找到了万二村打造民宿的学习样板！考察组一行表示，万二村启动打造民宿，是万二村乡村旅游发展当务之急，是旅游扶贫形势和任务所需，也是特色产业取得新突破的希望所在！回去后，将尽快动手抢抓机遇，在乡党委政府领导下，在万二村"两委"和扶贫工作队齐心协力下，把万二村民宿接待中心尽快打造好，为万二村乡村旅游的突破创造好基础条件！

结束赴外地休闲民宿的考察，回到村里已是夜里 9 点多钟。一整天，从早到晚，马不停蹄，几乎就没有片刻的休息。但想到万二村的旅游势头一天比一天好，一天比一天让我看到了更大的希望，我的心里始终是乐滋滋的，也正应了那句"累，并快乐着！"

(三十九)
在一问一答中 让扶贫政策深入贫困户心里

5 月 30 日 阴

今天上午,由乡政府安排的贫困户扶贫知识有奖竞答在万二村村委会举行。

当主持人、昌溪乡扶贫专干许宁提问道:"有谁知道'351 政策'吗?"话音刚落,去年易地扶贫搬迁的贫困户吴桂法的儿子"噌"地一下站了起来,抢着回答了,回答得十分地完整准确。他刚回答完毕,去年因急性白血病生病住院的贫困户王家明,紧接着又答道:"我去年得了急性白血病,用去了 20 多万元,多亏了有'351 政策'的支持和帮助,我出院后一结算,一场大病,除了极少数不能报销的医药费用外,我本人就几乎没有掏什么钱。是健康医疗扶贫政策给了我生的希望,救了我,否则我就不可能今天能站在这里了!"一番话语充满着对党和政府的感激之情!

两位贫困户的回答，赢得了在场乡村干部和所有贫困户的掌声。在座的其他的贫困户也在这一问一答中，了解和记住了许多有关扶贫方面的政策和知识。

在接下来又进行了几项扶贫政策一问一答后，主持人又问：成为建档立卡贫困户的程序有哪些？“两不愁、三保障”的政策指的是什么？新农合国家为贫困户代缴了多少钱？在教育扶贫上，每年对贫困户上小学的孩子、上初中的孩子、上普通高中的孩子，以及享受“雨露计划”和读大学的大学生的资金扶持分别有多少？在仔细帮助贫困户解读扶贫政策之后，乡扶贫专干许宁还强调说，小额扶贫信贷是国家用来专门为贫困户解决发展生产中的资金缺乏困难，因此，小额资金贷款必须是要用在产业发展上的，而不能随意用于其他方面。在外出就业帮扶上，今年对贫困户的交通补助资金，省内 250 元，省外 300 元。乡扶贫专干还告诉在座的贫困户，昌溪乡的扶贫基地有光耀茶叶公司和绢纺厂，都是可以吸收贫困户就业的，如果在座的有需要，可以跟村“两委”或者乡政府说一声，他们会尽快帮助联系就业的。

台上，主持人对扶贫政策的方方面面，一项一项地为在座的贫困户们做着详细的解答，台下，贫困户听得是那么的认真。从他们的眼神中，仿佛给人感觉是生怕听漏掉了一项似的。诚然，这一项项、一条条的扶贫政策，都是国家给贫困户送来的实实在在的帮扶啊！

之后，万二村党总支书记吴献华作为乡村医生和万二村的签约医生，也在会上就国家为贫困户代缴的新农合、意外伤害险以及家庭签约服务等，做了补充解读。最后，他还特别告诉贫困户：以后凡是贫困户生病到医院看病住院，是不收预付金的，也就是不收“门槛费”的。

就是这样的一问一答，让党和政府的扶贫政策更加深入到了万二村广大贫困户的心中。

（四十）
台湾游客走进“石头山寨”

5月31日 雨

经上海师范大学天华学院的推介，由苏州星期天户外旅行社组织，以台湾企业界人士为主的近50人的旅游团，按照原计划，在今天中午到达了“徽州布达拉宫”石头山寨万二村旅游观光。这是自去年12月上海师范大学天华学院组织的近20名游客前来旅游，正式拉开了万二村乡村旅游序幕后的第一个台湾旅游团队。

这批台湾游客主要为大陆台湾企业最多的苏州工业园区的台资企业的台湾白领人士。

天空下着雨，雨笼罩着万二村。雨中的石头山寨显得格外朦胧和神秘。粉墙黛瓦的徽派民宅，高高耸立的山寨石塝，光滑如玉的古老青石板，更有那一条条曲径通幽的小街巷村庄的神秘……这一切的一切，都那么深深吸引着、陶醉着台湾的游客，他们身披着雨衣，寻秘探幽,不断地或出现或消失在古老村庄的深巷中。他们不仅为这座建在高高石塝上的村庄所吸引和震撼,更为这个村落至今依旧被保持着原生态面貌而啧啧赞叹!

来自台湾台北市的一位游客在游览后,充满深情地说:"我的爷爷奶奶都是生在大陆南方山区的,记得我很小的时候,他们经常跟我讲起农村老家的往事、农村的模样,这让我一直对南方的山区农村很向往,今天来到万二这样一个迷人的古朴村庄,我仿佛一下走进了我爷爷奶奶曾经描述过那个让我一直心向往之的美好村落,这里古朴安宁,岁月静好,真是令人叫绝的好去处!"他说回台湾后,一定会向台湾的亲戚朋友们介绍,在大陆的安徽歙县,有个叫作"万二"的村庄,是一个非常值得去看看的神秘迷人的村落。

另一位来自台湾桃园县的游客在赞叹的同时,真诚地告诉我们说,他到大陆的许多乡村游览过,像万二这样的村貌景致很特别的村庄真的没看到过,由衷地希望万二村今后能一如既往地被保护好。我们要保护好这里的原生态,包括这里的每一块青石板,每一幢古宅,村落四周的山水和房前屋后的一草一木,只要保护好,就能够吸引来更多的游客到这里观光旅游。

同胞的温情和真实的感言,可谓古道热肠,一片赤诚!

(四十一)
丁方:万二村未来发展目标是争取列入世界文化遗产

6月21日　晴

今天上午,中国人民大学艺术学院院长、文化部建筑文化研究会常务理事、艺术小镇委员会主任丁方教授一行,来到万二村考察。丁方指出:万二村保护得如此完好的山地古村落全国罕见,一定要高度重视顶层设计,高端开发,它未来的发展目标可以是列入世界文化遗产!

在万二村党总支第一书记、扶贫工作队队长陪同下,丁院长一行对有着400多年历史、垒砌于高高石塝上的气势恢宏的万二村进行了仔细深入的考察,对万二村"两委"和扶贫工作队自去年以来对万二村实施的"不准破坏一块青石板、不准在老屋墙上刷一条现代标语"的最严格的原生态保护措施予以高度赞赏。

丁方院长在为这座原生态古村落深深震撼的同时,他指出:万二村保存了十分完好的青石板古道、上下水系及徽派建筑，让人们可以一下就能追溯到当年这里的村民的生活轨迹，房前屋后、种瓜种豆，充分利用山体形状，营造出自己的诗意的栖居家园；村里祠堂建设，折映出当年王、汪两大家族有许多能工巧匠，且十分善于对山地营造研究，并能在不太适合人生存的山地营造出自己的家园，一代又一代，绵延数百年，这是长期以来基因的传承；万二村蕴含有文化致富的良好"基因"，关键是怎么打造。既绝不能再盖新房子，也不能随意扒掉老房子，也即现在不准任何人随意动！一定要有最高的智库团队来对万二古村落进行顶层设计，最有魄力和勇气与情怀的企业来承担这里的保护与开发的责任，来进行校企合作、产校融合的深度合作，进而产生深度的文旅研习的业态，而未来打造出的这个业态形式，就是"以万二村为标本"，这是完全可以的！

最后，丁方院长期望：万二村未来发展的目标是列入世界文化遗产！他山之石，可以攻玉，可以借鉴以色列特拉维夫的白城和巴比伦的空中花园，对景点整体打造和保护开发万二村，原生态的石头山寨万二村的明天必定是令人期待的！

（四十二）
清华大学教授对我说：你是来扶贫的，也是来护“宝”的

7 月 10 日 晴

清华大学建筑学院教授、博士生导师，中国传统民居和当代乡土聚落、风景旅游建筑、小城镇建设研究专家单德启教授，在安徽省城镇建设学会副会长、黄山市城建设计院院长陈继腾陪同下，下午来万二村考察。

考察中，年逾七旬的单教授不停地用手机拍下万二村的水口、石塝、街巷、民宅和那房前屋后极其有限的空地上开辟出的菜地和庭院，口中不停地赞叹万二村独特的村落构造与这里先民们的智慧、精神与创造力！这个几乎用一生跑遍了中国各地特色村落的建筑学教授，仿佛在这里又发现了中国传统村落的“新大陆”。

在与昌溪乡党政主要负责人及扶贫工作队和村“两委”负责人座谈时，他神情激动地说道，对万二村的印象是三个字：“奇、绝、文”。他

解释"奇",就是这样的一个成规模地建在深山石塝上的山地古村落,在徽州,在全国都少见;"绝",体现在村庄是高塝上的山寨村落,它与山下的徽州古村落完全不一样,就不是一个风格,十分独特,是一个非常独具特色的景观村落;"文",就是这样一个始建于明代末年的村落,每一幢房屋、数十条街巷的每一块青石板,尤其是为在山坡上修建房屋垒砌起来的数米甚至十几二十米高的庞大石塝,都是出自村庄后面山上的采石场,都是由这里祖祖辈辈的石匠打造起来的,且造就得如此精湛、完美、和谐,因此这里有非同一般的石头文化深藏其中,有着非常值得探究的文化价值!

单教授强调说:"保存得如此完整的村落很难再找到了,你们一定要保护好万二村的原生态,从乡里政府领导到普通村民都要有这个意识,也要有这个责任!"在单教授眼里,万二村就是古徽州留下来的山地村落的一个"宝贝",一定要原汁原味地保护好它的原生态,并将整个村落向国家有关部门申请实施保护!

临别时,他不止一次地叮嘱我:"你是来万二扶贫的,更是来'护宝'的啊!"拳拳之心,殷切期望,让我铭记于心!

（四十三）
我当年的学生组团来村里扶贫……

7 月 14 日　晴

34 年前，我从安徽师范大学毕业后，来到屯溪一中任教并担任班主任，这也是我人生中带的唯一一届学生。而今，30 多年过去了，当时还是一群娃娃的学生早已长大成人，有了自己的工作、家庭和生活。今天，我所带的班级 20 位学生代表全国各地以及在海外工作的 50 多位同班同学，组成"屯溪一中八七届初三（2）班万二村旅游扶贫体验团"来到万二村，既是看望我这个昔日的班主任老师，更是来体验感受深山区贫困村民的生活，并慰问贫困户！

来万二村开展一次有意义的扶贫动议，始于去年的夏天，那是我带的班级毕业三十年的同学聚会上。那次，在黄山脚下，在同学们畅快的聚会和欢快的篝火晚会上，好几位同学聚拢到我身边，与我这位当年的班主任交谈起他们和我离别后的感受，他们在事业和生活上的情况。自从我驻村扶贫以来,一年多时间,他们早已在班级同学群和我的朋友圈里了解了我扶贫的万二村,也知道了我的"徽州布达拉宫"石头山寨,也都想前往看看。这时,当年班上的班长,这位曾经以屯溪区理科第一名成绩考入华中科技大学的高才生吴军向同学们提议说:"这样,下次我们同学聚会除了欢乐外,要做点有意义的事情,我提议下次聚会就到吴老师扶贫的万二村去。"他的提议一下得到了同学们一致同意,有的学生当场跳了起来,高兴地说"太好了"!

今天,我的学生们按照原先的约定,冒着近 40 摄氏度的炎热高温来到万二村。他们走访并慰问了 2018 年的预脱贫的贫困户并给每户送去慰问金;同时他们还给万二村村委会送来了 10 箱矿泉水!

看到万二村独特的村貌,了解到万二村正在走旅游扶贫的乡村振兴之路,许多同学还纷纷抢着向我表示,要尽各自的人脉关系,让更多的人来万二旅游,让万二尽快火起来;有的同学还说要为万二村发展乡村旅游招商引资出力。

昔日寒窗师生情,今朝扶贫同牵心。望着眼前的学生,我由衷地感谢他们,并祝福他们:亲爱的同学们,爱心与善举会让你们明天更美好,生活更幸福!

（四十四）
下乡扶贫，赶上了村里一次“海选”

8月7日　晴

今天是万二村村委会主任、委员“海选”的日子。因要到地处高山上的茆山组去，我早上5点钟就早早起了床，比上次去关山组推选村民代表早了整整一个钟头，这也是我下乡扶贫以来起得最早的一天。我们来到乡下扶贫，所做的工作，不光是扶贫本身，对村里的许多事务都得参与，这样才能真正地融进村民，了解村情，并赢得村民对你的认可。

匆匆吃了早饭，我便随乡党委委员朱明明、乡干胡佳丽以及茆山村民组组长姚玉盛和另一位村民代表一道，踏上去茆山的狭窄山道。约莫半个钟头，大家一口气登了上去，同行的几位都出了不少汗，而我更是湿透了衣衫，真是年龄不饶人啊！

茆山组是万二村的一个村民组，原有几十户人家居住在山上，而目前只有三四户村民留守山上，即便是寥寥数户，按照选举要求，也必须要拎着票箱一一上门，请村民投票选举村委会主任和村委会委员候选人，这是法律赋予每一位村民的权利和义务。

这次选举村委会主任和村委会委员涉及万二村的 8 个村民组大约 1280 人，他们都通过合法的方式参与了投票选举，直忙到中午 12 点，所有的村民组村民的投票才全部完成。

接下来是唱票，在吃罢午饭后进行，整个过程都由村民代表观察员全程监督进行。由于票数较多，万二村的唱票只能分两个地方进行。一个是村委会，利用村委会的黑板进行票数统计；一个是万二村的王家祠堂，票数用粉笔直接就写在了祠堂的板壁上。这样的情形让我不禁想起了曾在电影和电视上看到的二十世纪五六十年代农村的选举场景，颇有些味道。

选举唱票是一件很细致、很认真的活儿，稍有不慎就会出现统计差错，所以花的工夫很长，用了足足两个钟头，唱票才全部结束。3 名主任候选人以及 3 位委员候选人均已出来，这只是选举的第一步，本月 20 号将由村民代表大会根据本次选出的村委会主任的候选人进行正式投票选举，并最后产生出村委会委员及村委会主任。

在农村，对村干的“海选”，村民们的参与热情和积极性是非常高的，这次两个地方的唱票场所都挤满了前来观看的村民，他们既是来看唱票的情况，希望心中理想的人能被选出，同时又是以村民的身份来进行现场“监督”的。从万二村村干的“海选”中，我真切地体会到了农村的村委会主任和委员的选举，那真的是实实在在、在一票一票中诞生出来的。

为了全面加强党对村级组织的管理，这次选举按照上面的要求，万二村实行的是村“两委”主要负责人“一肩挑”制，也即由之前已经选出的村党总支书记来兼任村委会主任。我相信，这次“海选”中，上级组织的意愿和村民们的期望一定会达到一致的。我们驻村扶贫工作，需要一个坚强的党支部和一个团结有力的村委会班子的支持和共同努力！

(四十五)
两个朋友都发来乡村旅游方面的信息

8月23日 晴

今天收到了两个朋友发来的消息,都是关于发展乡村旅游的。一个是宏观政策方面的消息,一个是专家关于如何发展乡村旅游的具体思考的文章,从中可以看出大家还是非常关注我扶贫的万二村旅游发展的。花了一个多钟头,对两篇文章仔细地看了后,有了如下感想。

一个是国务院颁发的关于加快支持乡村旅游扶贫的有关文件精神。在这方面,国务院早在2015年就开始关注和扶持乡村旅游发展,之后又重点指向了贫困村的乡村旅游发展,并给予重点支持。2016年中央一号文件就提出了大力发展休闲农业和乡村旅游,要求积极支持农村发展休闲农业合作社,引导和支持社会资本开发、农民参与度高、受益面广的乡村旅游项目。其中特别提出了加强农村生态环境和文化遗产的保护,发展具有历史记忆、地域特点的特色小镇,打造一村一品、一村一景、一村一韵的魅力村庄;2017 年,国务院颁发的中央一号文件再次提出要大力发展乡村休闲旅游,扎实推进脱贫攻坚,更加明确地把发展旅游与脱贫攻坚结合,突出了乡村旅游在旅游扶贫中的重大作用。其中,还鼓励丰富乡村旅游的业态和产品,发展符合乡村特色的民宿,鼓励农村集体经济组织创办乡村旅游合作社,或与社会资本联办乡村旅游企业。回头想想,我们万二村发展乡村旅游,只注意到面上,未能从有关政策上去了解当下发展乡村旅游的特点和趋势以及国家支持的重点。而上述的这一系列的政策规定对我们当下的万二村走旅游扶贫的乡村振兴之路,是一个很大的政策引导与支持。对此,我们驻村扶贫,真的要花时间去学深学透这些文件精神,才能更好地有针对性地来指导和开展好村里旅游扶贫工作。这也就是要抓住政策机遇,这一点非常重要。

另一个朋友发来的是一篇《山东大学学报》的论文,主要是关于当下乡村旅游应当走村集体推动下的乡村旅游道路。这篇文章所阐述的观点正与当下万二村正在努力探索和实践的村民、村集体、外来投资商"三位一体"的乡村旅游开发模式不谋而合。的确,在当下农村发展乡村旅游过程中,外来投资商是主要投资者,也应当是最大的投资受益者,没有他们的到来,没有他们大量真金白银的投入,贫困山村的旅游将很难启动;而贫困山区的乡村旅游,如果没有村集体的介入,没有把旅游开发与村集体紧密结合,那么外来投资在旅游投资过程中出现的种种困难和问题,特别是与村民的矛盾纠纷,就很难得到村里的有效协调解决;当然,如果村民不介入,村民的利益未得到合理的考虑,那么投资商要想发展和壮大乡村旅游,也会最终得不到广大村民的支持,其结果也必然干不长久。

由此,村民、村集体、外来投资商"三位一体"的旅游发展经营模式,是一条兼顾到各方利益,又能使乡村旅游获得长远稳定发展的好路子!感谢两位朋友及时发来的信息,为我今后思考万二乡村旅游提供了理论方面的指导,政策方面的了解,和具体操作方面的帮助。

（四十六）
医生说：你对贫困户比对你父亲还用心

9月15日 晴

周末两天在家。昨天晚上，乡党委书记打我电话说，万二村贫困户王家明白血病复发，急需从县医院转到黄山市人民医院住院治疗。今天一早，我便从家里赶到市医院。

来到市医院血液科住院部，帮助联系王家明住院一事。由于我父亲多年患有血液不凝的病，在血液科住院部陆陆续续住了五六年，我跟住院部的主任也熟识了。由于最近住院病人很多，当天没有病床了。这可怎么办？于是我便竭力说服血液科主任，说："这是我的贫困户，他们很困难，也很需要你们的帮助。"终于说服通了，主任原本把王家明安排在走廊上的床位，临时换到医疗器械室的房间，这让我万分感激。

就这样，我在血液科住院部等候着王家明的到来，顺便也看望了同样在血液科住院部住院的我的老父亲。

一直等到下午四点多钟,救护车才把王家明送到市医院。王家明爱人是严重智障的残疾人,无法前来,只有他在万二村的姐姐和刚刚上初中的儿子前来,陪同来的还有王家明的另一个姐夫。王家明姐夫把王家明送到后,一办完入住手续就走了。王家明姐姐是个大字不识的山里农村妇女,见王家明姐夫一走,她一下急得把我紧紧拽住说:"吴书记,我一个人什么都不知道啊,这可怎么办?"我马上安慰她:"不急,我在这,没事的。"我一边把王家明安顿下来,一边陪着王家明姐姐到血液科把病人住院治疗用药前的七八份表格填写完毕,直看到护士把输液吊瓶挂上,药液慢慢地滴入王家明身体后,我的心才踏实下来。

王家明姐姐是山里人,连电梯都不会乘坐。此时在医院里的她整个人都是懵的。这时,我便到隔壁病房喊来陪护我父亲的妹妹前来一起帮助。我和我妹妹陪着王家明姐姐熟悉住院部环境后,又陪他到外面认识就餐小吃店,还为王家明一家买来了饭菜。直忙到晚上 8 点多钟,待王家明一家吃好后,看到王家明静静地安睡了我才离开。

离开前,我去看了下在病床上躺着的父亲,此时父亲没多说什么,只是向我竖起了大拇指,我心里顿时觉得很是温暖。当我跟血液科住院部主任告别时,他看着我为扶贫村里的贫困村民不停地跑前跑后,忙里忙外,用敬佩的目光看着我说:"你对贫困户比对你父亲还要用心呢!"

(四十七)
王志祥:身残志坚,养猪脱贫

9 月 20 日　晴

在歙县昌溪乡万二村的村道上,每天清晨会看见一个年近七旬的老人,推着一辆小翻斗车,载着经过化粪池分解后的猪粪,一瘸一拐吃力地走向数百米外的田地去倾倒。这位老人就是去年刚刚脱贫的万二村万二组的二级肢体残疾贫困户王志祥。

多年前,王志祥脑卒中后遗症造成左侧肢体二级残疾,走路不便。因残被列为贫困户后,王志祥没有放弃勤劳致富的想法:“作为贫困户总不能天天爬起来,守着贫困等、靠、要啊,应该靠自己的力量让生活好起来才是。”他还一再说道:“一辈子当贫困户不是光荣的事。”他这样想也这样干,从 2015 年最初养两头猪开始,踏上了养猪脱贫路。如今养猪利润不高,一头猪也就净赚个五六百元,每天起早贪黑地喂养,要付出很多的精力与辛劳。为了让自家养的猪更绿色、更有机,他除了喂玉米等饲料外,还常年种植些南瓜、山芋及蔬菜来添加喂养,所以他养的猪肉质好味道也香,客人都愿意买。

短短几年,他饲养的猪数量从最初的两头到今年的 17 头。就一个人,还是残疾的贫困户,如何有这样的底气养这么多猪? 原来,这几年对口帮扶单位市县教育局的干部,一直都在关注支持他养猪,每年都会为他饲养的猪找销路,所以他销路不愁;加上国家扶贫政策给予的免息扶贫小额贷款,给了他资金上有力的支持。他在去年 12 月饲养 7 头猪的基础上,今年 4 月通过小额贷款又进栏 10 头猪崽。9 月 9 日,他去年底养殖的 7 头猪被外地人一下全买去了,每头 140 公斤左右,收入 1.42 万元,刨去成本,净赚 4000 多元。"栏里还有 10 头猪,要到腊月里卖,行情一般会比现在好些。"望着存栏的肥猪,王志祥满脸欢喜。单就养猪一项,他的年纯收入将达到近万元。

而今,王志祥养猪,妻子在帮扶单位关心下在县城一所小学做临时工,儿子在外地打工。一个残疾贫困户,在党的扶贫政策帮扶下,通过自身的勤劳苦干,走上了增收致富路。

（四十八）
党报全媒体聚焦石头山寨万二村

10 月 4 日　晴

9 月 27 日，《黄山日报》社全媒体记者采访小分队一行七八人，来到“徽州布达拉宫”石头山寨万二村进行全方位采访，今天的《黄山日报》二版用了大半个版，对万二村驻村工作队入驻后，带领村民如何走旅游扶贫精准扶贫之路，进行了全面报道，包括两篇新闻通讯和一篇评论。《黄山日报》是地方党报，在日报上用大半个版来集中报道宣传一个贫困村，这在报社历史上还是头一次，足以看出当前的脱贫攻坚的重大意义，也充分显示了党报记者的政治敏锐性。下面，我把今天报纸二版刊出的关于万二村脱贫攻坚情况的 3 篇文章中的两篇文章转载于日记中——

万二村:从藏在深闺到走向远方

本报记者 袁玉灵 祁俊

忙完了秋收,歙县昌溪乡万二村贫困户汪向东悠闲地坐在巷口的青石板上,和村民拉起了家常。

提及今年的收成,汪向东怎么也没想到,做旅游接待让他收入比往年明显增多。"今年算是能脱贫了,以后也想正儿八经开个农家乐。"幸福的笑容绽放在汪向东脸上。

万二村,地处深山腹地,交通闭塞、经济落后,被列为省级贫困村。由于山场多耕地少,加上面临行路难、增收难等问题,村里的青壮劳动力普遍选择外出务工。

一条狭窄的盘山路通到大山尽头,便是村庄。从明朝末年开始,这里的先民开山取石,垒石砌塝,硬是在深山坳里依山就势造出了200多幢徽派民居。高高的石塝上,层层街巷青石逶迤、纵横贯通,整个村落气势磅礴、浑然天成。

"第一次来万二村,一下子被这个原生态的石头村震撼住了。"去年4月,市社科联副主席吴清健作为省第七批选派扶贫干部,到村担任党总支第一书记、扶贫工作队队长。"这个村庄太独特了,不就是现成的旅游资源吗?"他一来就和村"两委"商讨,如何利用风貌独特的古村落优势开发旅游,让这个藏在深闺里的石头村走向远方。

经过多次集思广益,一条以旅游脱贫为突破口的乡村振兴之路逐渐清晰起来。

发展乡村旅游光有独特的村貌不行,首先需要整治村容村貌、提升基础设施、提高村民素质。2017 年,搭乘着美丽乡村建设这趟“快车”,村里安装了路灯,新建了文化广场、旅游公厕,修缮了祠堂和石板路,提升了水、电、通信设施……昔日脏乱破败的万二村面貌焕然一新。与此同时,该村紧紧抓住脱贫攻坚机遇,争取资金建设了停车场,拓宽了村口道路,搬迁了养猪场,为下一步发展乡村旅游奠定了坚实基础。

“2017 年 12 月 16 日,万二村正式拉开了旅游发展的序幕。”吴清健始终记得这一天,因为这一天,村里收到了第一笔 100 多元的旅游收入。

2017 年 12 月 16 日,一个明媚的冬日,万二村迎来了首个近 20 人的旅行团,这个团来自上海师范大学天华学院。前期,在吴清健的牵线搭桥下,双方就旅游扶贫合作签署了协议,天华学院将帮助万二村做好旅游规划和宣传推介工作。由于没有住宿的地方,他们带着帐篷住进村里,给村里 100 多元场地租金。“这个穷山沟与大都市终于联系起来了。”吴清健欣慰地说。

在高校的宣传推介下,一批批来自上海、浙江、江苏的游客纷至沓来。从去年 12 月至今,村里共接待游客 2000 多人。

石头村开始热闹起来了,获益的当然是村民。“一个人一顿中餐收 30 元,最多的一次接待了 100 多人,还请人来帮忙呢!”妻子生病后,汪向东没有外出打工,靠着卖茶叶、打零工,一年收入万把块钱,“还是搞旅游钱来得快,也来得轻松。”

汪向东尝到了发展旅游的甜头,很多贫困户也得到了实惠。“帮忙洗菜、洗碗,一次能挣 100 多块,我们觉得很满足。”贫困户吴丽冰身体不好,在村里从事保洁工作,也经常帮忙做旅游接待。目前,在汪向东的引领下,村里有三四户村民开始尝试接待游客。

随着万二村名气越来越大,游客越来越多,许多客商嗅到了商机。据了解,今年村里来了五六批客商考察,有黄山本地的,也有上海、深圳外地的,他们看中的都是这里的原生态旅游资源。

一边探索乡村旅游产业发展,一边积极落实扶贫政策和项目。今年,该村扶贫到户项目包括茶园管护、竹园管护、菊花种植、油菜种植等,覆盖所有贫困户;到村项目包括新建旅游接待中心、有机茶基地等6项,已按照时序进度顺利推进。"下一步,我们将因地制宜种植铁皮石斛,调动贫困户及留守老人一同参与,目前,已经与企业达成了初步合作意向。"多元发展,全面开花。2017年,万二村集体经济收入达到11.2万元,通过了"安徽省美丽乡村"验收,跻身"黄山市百佳摄影点",目前正全力向"中国传统古村落"冲刺。

站在万二村,周围的群山连绵起伏、苍翠葱茏。翻过山岭,左边是阳产土楼景区,右边是文昌古道,万二村处于居中的绝佳区位,当交通"瓶颈"实现突破,石头村的旅游发展前景可期,乡村振兴指日可待。

真心　真情　真扶贫

秋风渐起,秋意渐浓。9月27日,黄山日报全媒体"走转改"采访小分队远赴歙县昌溪乡万二村,调研采访精准扶贫工作。

坐落在大山深处的万二村是省级贫困村,也是远近闻名的"石头村"。一条窄窄的通村道路将我们引入丛林深处,映入眼帘的是土楼、新房参差错落地依山而建,一道道石塝在山坡的斜面上垒成一片片方圆之地，一棵棵茶树长势喜人，村子里石阶逶迤，连通村庄的每个角落……石塝、石阶、石房子，这些体验，于记者而言，既新鲜又惊喜，同时也深感这里扶贫工作的困难与艰辛。

走进村庄，记者们跑田间地头、进农家户院，寻找脱贫的精彩故事，深挖脱贫的成功做法，畅谈脱贫的最新成效，用心聆听、用笔描绘、用镜头记录。在深度的体验中，记者们深切感受到了驻村扶贫工作队和当地干部群众脱贫摘帽的信心、决心和力量。两年来，驻村扶贫工作队和村“两委”班子凝心聚力，以党建激活村里党员干部的扶贫工作斗志，集思广益共谋脱贫良策，很多贫困户在村干部“扶贫先扶志”的引导下，抛弃“等靠要”思想，激发了脱贫内生动力，“借力”各项扶贫政策，走上了脱贫之路。在2017年实现整村出列的基础上，万二村又因地制宜，利用独特的石头山寨自然禀赋，开始探索乡村旅游发展的新路，努力让更多村民走向脱贫致富和乡村振兴之路，书写大山深处的“石头传奇”。

“只有把贫困户放在心上、当作亲人，才能真正走进他们的内心深处，才能赢得他们对工作的支持，才能真正把扶贫工作落到实处！”带着对乡土的浓厚感情，鼓足不屈不挠的一股劲，一步一个脚印迈向目标，扶贫者如此，脱贫者亦然。看到田间地头忙碌的身影，听到党员干部与村民们议论致富办法的话语，他们身上激荡的一种精神，也鼓舞着记者用真情感受、用身心投入，通过自己的观察和报道，留下更多脱贫攻坚路上的精彩故事，让更多的读者受众关注贫困村的过去、现在和未来。

（本报全媒体“走转改”采访小分队）

(四十九)
献给新时代最可爱的人

10月10日　晴

在农村开展扶贫工作,不仅艰苦,也有风险存在。今年以来,我省2名扶贫工作队队长,在坚守扶贫岗位上而献出了年轻的生命。上午,接到县委组织部选派办的通知,让我为奋战在脱贫攻坚一线而献出宝贵生命的两位扶贫工作队队长的事迹写几句感言。

2017年9月,宿州市埇桥区委、区政府向各非贫困村派驻驻村扶贫工作队,年仅28岁的宿州市第一人民医院团委副书记、医院财务科业务骨干曾翙翔主动请缨,下派到了埇桥区支河乡路湖村驻村扶贫。2018年8月18日,宿州市突降暴雨,曾翙翔冒雨排查灾情、转移困难群众,连续奋战10多个小时,在奔赴另一个受灾村庄途中,不幸触电,因公牺牲。

刘杨彧,1988年出生。2014年10月考入岳西县国土资源局,后分配至五河镇国土资源所。两年后，他被选派到五河镇河南村担任驻村工作队队长。2017年3月，刘杨彧被调任治溪县国土资源所任副所长，担任溪河村驻村工作队队长，成了该村最年轻的扶贫工作队队长。2017年12月3日，在走访第29户贫困户后，回镇途中，一场车祸夺去了他的生命。

在了解了这两位与我们一批下派的扶贫工作队队长的感人事迹后，万籁俱寂的山村夜晚，我的内心久久不能平静，想想他们都是29岁，都还那么年轻，今后还有好长好长的精彩人生要进行下去，然而，为了脱贫攻坚的事业，他们永远离开了这个世界……

感慨之余，我以发自内心的感动写下了如下文字——

献给新时代最可爱的人

都是29岁惹人歆羡的灿烂年华，本可以在漫长的生命旅途中书写人生美好的篇章。你们却如两颗流星，消失在璀璨的夜空，如两朵鲜花，静静地悄然盛开在扶贫的村庄。

都是29岁充满希望的奋斗年华，本可以在未来的工作中，靠着不断地努力，迈着坚实的步履，去实现人生的目标和梦想。

都是29岁仿佛瞬间却是永恒的年华，你们秉承忠心，担起责任抓扶贫；你们满怀爱心，带着感情抓扶贫；你们把最后的身影留在了贫困山村，你们把最后的期盼，交给了依然继续奋斗在脱贫攻坚一线的同志们。

曾翙翔、刘杨彧——

千万江淮儿女会记住你们的名字，广袤神州大地脱贫攻坚史册上将会留下你们的英名！是你们用坚定的信念,艰苦的奋斗,全力的攻坚,在诠释着一个响亮的称号：

扶贫工作者——新时代最可爱的人！

（五十）
从半汤乡学院“三瓜公社”看“乡村振兴”

10 月 27 日　晴

从 10 月 23 日起至 27 日，我参加了由歙县县委组织部组织的全县 45 个贫困村党总支第一书记、扶贫工作队队长，赴合肥半汤乡学院开展为期 5 天的培训学习。

半汤乡学院地处巢湖半汤镇，创办于 2015 年，是一个以打造“三瓜”（即东瓜、南瓜、西瓜，这里原来叫东洼、南洼、西洼，他们根据谐音，十分有创意地取名“三瓜”）公社为基地的乡村振兴理论与实践结合的基地。

培训期间，共有包括办半汤乡学院院长陈民利等五六位在乡村振兴方面各具理论与实践研究成果和经验的老师为我们授课，大大开阔了我们的视野，提升了理论素养。学习期间，我们还参观了三瓜公社的三个基地，并赴江苏省南京市江宁区考察学习了两个美丽乡村打造的榜样。

通过学习培训,我体会最深、感受最深的是学到了一种非常正确且全国农村发展都应该学习的理念,也即半汤"三瓜"公社创意者孙君提出的"把农村建设得更像农村"的理念;还有就是在乡村振兴中,把"互联网+一产、二产、三产"融合发展,以电商来推动村落全面发展是行之有效的办法。这两点,我认为是我们回到黄山后可以复制的。当然要搞得好,搞出成效,搞出特色,则还需要一个有着共同情怀和奉献精神的专家团队作指导。

学习培训结束的前一天,根据几天的学习参观和思考。我写了如下的感受——

在半汤三瓜公社学习培训掠影并感悟

2015年9月,一个叫孙君的人,靠着自己提出的"把农村建设得更像农村"的理念,邀来一班内心充满回归农本情怀与梦想的人士,在距合肥50里地的半汤镇的一个荒芜村子,发起成立了半汤公社,以保持村庄原貌并修旧如旧,开始了全面打造,并以"互联网+农旅"结合的乡村发展新探索,没有花一分钱广告费,完全通过互联网,硬是把一个破败凋敝的村庄,迅速打造成了闻名全国的乡村旅游新爆点。三年时间,三瓜公社共接待游客600万人!今年国庆前的一天就接待了48万人!且他们乘势兴办起半汤乡学院,该院很快一举成为全国探索乡村振兴的学习培训基地。

一个人,一个关键的理念,一个成功的模式,完全改变了一个村庄,着实令人惊叹!这个理念,这种模式,在未来几年里也许会迅速传播到全国,引领众多乡村在"乡村振兴"之路上大步前行!

（五十一）
省社科院领导呼吁地方政府重视万二村旅游发展

11 月 1 日　晴

安徽省社科院副院长、省社科联兼职副主席、安徽省首批学术和技术拔尖人才、省社科院历史所所长施立业一行，今天来万二村考察。

施院长长期从事安徽地方史研究、历史文化资源保护研究，在考察游览万二后，对这座气势恢宏、风貌独特的石头山寨大为惊叹，称万二的独特村貌在中国、乃至世界都是罕见的，甚至可以说是独一无二的，非常值得开发！同时，他认为开发中必须把保护第一放在首位。万二村未来乡村旅游发展要保持本土特色，独特的石头山寨就是其最大的特色，可注重挖掘其文化内涵；应最大可能地保护其村落历史遗存的真实性，在今后发展中切记不可过度商业化。

施立业对万二村扶贫工作队入驻后提出的“不得破坏村里一块青石板、不允许在房屋墙上刷一条现代标语”的做法十分赞赏，称是“英明决策”。他希望尽快把万二村的原生态村落体验、民宿休闲、摄影写生旅游尽快搞起来,真正让乡村旅游来带动村民脱贫致富。他说:“我可以断定,以万二村独特风貌为载体的乡村旅游一定会兴旺起来,且对全县的旅游业会起到积极的影响和带动作用,村里外出打工的农民一定会返村创业,在家门口发财致富!”同时,他希望地方政府要尽快意识到万二村发展旅游的独特资源禀赋与巨大发展潜力,加大对这里的基础设施投资力度,让这里的旅游迅速升温,让这里的村民走上脱贫致富的大道!

（五十二）
村里来了 18 位上海大学的法国留学生

11 月 6 日　阴

11 月 6 日，上海大学的 18 位法国留学生来到万二村游览考察。这是去年 12 月万二村正式拉开乡村旅游序幕后迎来的第一支外宾旅游团队，万二村乡村旅游由此实现了境外旅游团的突破！

该团队是由与万二村共同签署旅游扶贫合作协议的上海师范大学天华学院推介而来，这批留学生均是法国巴黎大学的建筑设计专业赴中国的交流生。

法国是欧洲历史文化最悠久的国家之一，巴黎更是一座世界历史名城，名胜古迹比比皆是，埃菲尔铁塔、凯旋门、爱丽舍宫、凡尔赛宫、卢浮宫、巴黎圣母院等古老建筑比比皆是，封建中世纪的石砌城堡也散布于城乡各地。万二村的石头山寨，犹如法国山村的城堡一般，深深迷住了法国学生，他们纷纷拍照留影，有的当场通过微信发送至海外！在与一位留学生交流中，这位留学生谈到，中国有许多古老的建筑非常优美，值得各国学习借鉴，像万二这里的用石头层层垒砌起来的村庄，我们法国有不少，叫山村城堡，但风格与这里完全不一样，这里有那么多徽派民居，很优美，很艺术，比法国的石头城堡要好看多了；法国的山村城堡是肃穆的、冷峻的，万二的石头山寨是亲切的、温馨的，游人可以完全融入其中。

游览观光，寻觅探幽，不少留学生表示，一定会把这个独特的城堡一般的石头山寨通过微信告诉更多的友人，让他们有机会都来看看，都来亲身体验一下这个完全不一样的中国的小山村！

（五十三）
夜访贫困户

11 月 29 日　晴

驻村夜访对我们扶贫工作队来说是一种常态，在 2018 年脱贫攻坚省第三方评估考核即将到来之际，夜访贫困户较日常自然会多了起来。今年万二村将有 5 户 16 人预脱贫，这些户也是我们今年脱贫攻坚的重点。吃罢晚饭，我便和万二村党总支书记吴献华一起，穿行于万二村的夜幕中，走访了几户贫困户和困难户。

我们首先来到了今年预脱贫户汪永仁家。见我们来到他家夜访，汪永仁十分高兴，虽然房间里很凌乱，他把桌子略微理了一下又用抹布擦了擦，我们便围着桌子坐了下来。

汪永仁一家有 4 口人，老婆智力残疾，两个女儿一个读初中，一个读小学，这几年扶贫工作队和帮扶干部对他们都十分的关心，他们能享受的扶贫政策都帮他们享受到了，尤其是在教育扶贫方面，国家给予了他的两个孩子切实的保障,姐妹俩读书无忧无虑。他十分感激地对我们说道:真是感谢党感谢政府啊,如果不是党的扶贫政策好,我这两个女儿恐怕早就读不起书了。我们告诉汪永仁,让他在这方面尽管放心,无论是小学、中学,还是以后读高中,对贫困户家庭国家都会一直关注和帮扶的,在这方面不要有任何包袱。汪永仁家今年还养了两头大肥猪,猪价行情最近几年好像一年比一年好,加上今年他们家的茶叶收入,还有村里经常照顾他们家在村里打零工,还有社会扶贫方面的一些资助,他们家今年脱贫应当是没问题的。

当我们聊得正热时,我忽然察觉到汪永仁脸色有点沉了下来,我忙问:“有问题吗?”他说:“吴书记,是这样,我家今年养了七八只母鸡刚下蛋没有多久,前两天不知被什么野兽全部给吃了,是深夜被吃掉的,第二天早晨起床,我看到鸡圈的门被打开了,门板上有很粗的野兽的爪印,但不知道是什么野兽。”听了后,我忙安慰他不急,答应他过年前有慰问单位来慰问时,村里可以考虑他的实际情况,适当给予重点地帮扶一下。他听后一再感谢。

随后,冒着夜色,我们又深一脚浅一脚地来到了贫困户吴丽兵家中。吴丽兵患有间歇性的精神病,不发病时是很正常的一个人,也十分客气,见到我总是十分热情地打招呼。来到她家,她正在照顾病床上的婆婆。我和献华书记先看望她的婆婆,而后跟她聊起了今年的各项收入情况和她在县城重点中学读高中的女儿的学习情况。她的女儿是昌溪初中今年考取歙县重点中学的两个学生中的一个,虽然家里很穷,但是党和国家的扶贫政策保障了她一家的基本生活和女儿的正常读书。正是对贫困户在住房、医疗和教育方面得到切实保障的情况下，吴丽兵的女儿才丢掉了身上的包袱，全心投入到刻苦学习中。正应了那句“穷人的孩子早当家”，她的懂事的女儿比其他的孩子更加投入和用心，终于以优异的成绩考取了全县重点高中。我们跟吴丽兵说：“让孩子好好读书，继续加油，争口气将来考个好大学，为你们家争光，为万二村争光！”听了我们的话，吴丽兵回答道：“嗯哪，会的，一定要让小孩好好读书！”

吴丽兵在处于正常状态下很热情，做事也很认真，所以好几次有游客团队来，我们都安排她参与洗菜做饭，从中也能得到一定的劳务报酬。正因此，在临别前，她对我说：“吴书记，以后有游客来的话，不要忘了再叫上我去帮个忙哈。”我说：“一定一定，没问题！”

之后，我们又来到了位于万二村最高处的 2019 年预脱贫的罗火凤家。罗火凤是重度智力残疾，她的丈夫王家明今年 9 月因为白血病复发去世，她还有一个上初中的儿子。这是目前万二村最贫困的一家了。来到她家，她家有些凌乱，我们帮她稍微收拾了一下，又到房间看了看米、油、盐等等。对这样的贫困户，我们今后只有更加去关注、关心和扶持才是。特别是她家还有一个上初中的孩子，的确很困难，我跟献华书记说：“我再看看能不能想办法找些社会资助帮扶一下她家，让她的孩子能够放下包袱，安心去读书。”

最后，我们来到了困难村民吴昌华家。吴昌华今年不到 30 岁，他原先是村里一个很优秀的青年小伙子，前些年到外面去帮助一家证券期货公司从事证券业务，由于工作劳累辛苦，加之血压较高，没在意，突发脑溢血，手术后留下了脑中风偏瘫和癫痫病的残疾。看到他行走都很困难，我在几个月前就跟我的学生、现在安徽省省立医院癫痫病专家取得了联系,希望他能对吴昌华有所帮助,他们各自加了微信。这个我省著名的癫痫病专家医生,便在微信里经常指导他日常的护理。

吴昌华的父母都已 70 左右了,他们老两口经常透露出对孩子今后生活的担忧,我们也一直安慰他们,告诉他们党和政府会帮助像昌华这样的残疾人的。吴昌华的父亲是万二村里现有的传统采石匠,他的家庭虽然不是贫困户,我们扶贫工作队和村"两委"还是经常地安排村里的活儿让他父亲去做,以补贴一些家用。在这方面,吴昌华父母对我们扶贫工作队是非常感激的!

时间过得很快,一晃两个多钟头就过去了。在万二村茫茫夜色中,我对走访贫困户忽然有点感受,便写上几句发在朋友圈里,谁知引来了一片点赞,字数虽不多,但配发的照片效果不错,很有意境:

万二村的夜晚静悄悄!寒冷的冬夜,仿佛一种超然的空灵,将你的心灵涤洗得万分干净!走访贫困户,又陡然把你清冷洁净的心立刻烘得暖暖的……

（五十四）
万二村是待字闺中的徽州山村“公主”

12 月 28 日　阴

今天，安徽合肥三瓜公社投资发展有限公司创始人之一、合肥半汤乡学院院长陈民利教授、乡学院乡建研究院执行院长廖星臣一行，来万二村考察调研旅游扶贫和乡村振兴。

刚刚获得全国休闲农业与乡村旅游五星级企业并在安徽省排名第一的三瓜公社，是全国乡村振兴的典范，他们提出的“把乡村建设得更像乡村”理念，得到了国家领导的高度重视。这家公司创办于 2015 年 9 月，三年时间接待游客 600 万人，今年 9 月 30 日这一天接待游客达 48 万人。但他们 3 年里没有花一分钱广告费用，全是通过“互联网+”，靠电商网络促销而大获成功，让人深感震惊！黄山市委组织部和各区县组织部都先后组织了乡村干部、贫困村党总支第一书记、扶贫工作队队长前往半汤乡学院学习培训，半汤乡学院的培训范围已辐射至全国,已成为一个理论与实践结合的新时代乡村振兴的典范。

在昌溪乡党委书记、万二村扶贫工作队和村"两委"的陪同下,陈民利一行全面考察了拥有独特资源禀赋的石头山寨"徽州布达拉宫"万二村,为这个高高矗立于石塝上的气势恢宏的村庄深深震撼!

在万二村村委会举行的座谈会上,陈民利院长谈到:我跑了不少村庄,万二是让我心动的一个村庄,对这样一个保护得如此完好、有着独特禀赋的村庄,一定要特别注意保护好,不可随意给开发掉了,一定要找到有实力、有情怀、有运营销售经验的投资商来开发!要走农户、村集体、外来开发商"三位一体"的乡村旅游开发之路。在当今旅游"大巴经济"、"轿车经济"和"背包客经济"三种游客中,万二村一定要找准主要客源的定位,万二今后要以摄影、艺术写生等中、高层次客户群体为未来万二旅游休闲客户主体。她说,在今后的乡村旅游开发中,要特别注重保持和恢复原有的村民生活状态,让游客在村里能真实地体味到万二村过去的生活场景,并深入挖掘石头村的文化,这是村庄的灵魂与生命!政府要看到万二这个独具特色的村落发展乡村旅游的巨大潜力,并帮助支持万二村发展乡村旅游搞好顶层规划设计;要想法设法加大对万二的基础设施投资力度,特别是交通状况的改善以及村道两边的生态保护与村庄整治。

陈民利院长最后充满期望地说:"万二村就是徽州山村'待字闺中'的山村'公主',这个待字闺中的'公主',一定要找到山外的'王子'再把自己'嫁'出去!"陈民利院长表示,对这样一个高品质的独特禀赋的石头山寨,三瓜公社投资有限公司和半汤乡学院今后一定会加倍予以关注!

（五十五）
电视台播放
《吴清健:“网红村”的引路人》

12 月 9 日　晴

晚上,在万二村党总支书记吴献华家看了歙县电视台前几天为我拍摄的专题片——《吴清健:“网红村”的引路人》。

这部片子是根据市委组织部关于进一步加强对党总支第一书记、扶贫工作队队长驻村扶贫工作的宣传报道要求,由市电视台委托县电视台前来万二村拍摄的。

12 月 3 日,歙县电视台一行 3 人来到万二村,天正下着大雨,他们便先行在万二村村委会对我进行了访谈,主要围绕这一年多我驻村以来是怎样根据万二村情,因地制宜,理清产业扶贫思路,引导和带领村民走旅游扶贫乡村振兴之路的做法和取得的初步效果;同时作为一名党员,作为村党总支第一书记,是如何看待扶贫工作的。对我的采访整整进行了一个多钟头。

随后,他们又分别采访了乡政府联村干部,万二村党总支书记以及几位普通村民。

时至中午,在村民王耀彬家里吃饭,他们又采访了这个万二村第一个开办农家乐的小伙子。采访中,王耀彬激动地告诉记者:"是吴书记来了后,这里的旅游才慢慢兴起的,我原来是在杭州做餐饮业的,过年回家后看到这里游客越来越多,于是我有了留下来在家乡办农家乐的想法,一年下来,没想到我竟赚了四五万元,不比在外面赚得少。我相信,随着万二村的影响越来越大,这里的旅游一定会越来越红火,我的农家乐也一定会越来越兴旺的。真的,我从内心里感谢市里来的吴书记,没有他,真的就没有我们万二村旅游红火的今天!"王耀彬的一番话是发自内心的表白,在场的我们都希望他的农家乐越办越好,同时更希望村里有更多的村民、尤其是贫困村民加入到开办农家乐队伍中来。

午饭后,雨过天晴,山峦氤氲,万二村如山水画一般展示出迷人的魅力!

电视台一行抓住晴好天气,又来到了吴丽兵等几位贫困户家中采访,让他们谈谈驻村工作队到来以后,给家乡带来的变化和给这里老百姓收入方面带来的变化。最后,电视台记者一行又赶到昌溪乡敬老院采访了今年预脱贫的90岁的汪灶玉老人,汪灶玉老人家是我格外用心帮扶的对象。

整个采访进行得很顺利,电视台记者扛着摄像机,穿行于村庄,上上下下,很是劳累。这种不辞辛苦的敬业精神,让我这个曾经也当过记者的人发自内心地感动与敬佩。

从今天看到的播放的专题片，看出了撰稿人的用心写作和制片人的精心编辑。尤其是专题片的末尾用了五六十年代流行的歌曲《革命人永远是年轻》作为背景音乐，对我这位年近花甲的人来说很是贴切，也能准确地反映出作为一名老党员，我无怨无悔到山村，全心全力去扶贫的初心和立志让贫困山村彻底摆脱贫困面貌、带领广大村民走上一条旅游脱贫致富坦途的理想信念与坚定决心！

这次由市委组织部要求的对部分市里下派的驻村扶贫工作队党总支第一书记、扶贫工作队队长进行专题报道，实际上是一次从扶贫工作队队长视角，对一年多来各地开展扶贫工作情况的一次相互交流。当然，对我个人来说，也是一次鼓励与鞭策。

2019年篇

（五十六）
万二村将列入市委党校现场教学点

1 月 15 日　阴雨

随着“徽州布达拉宫”石头山寨对外影响力的越来越大，万二村走旅游扶贫的乡村振兴之路得到了市委组织部的认同，今天上午市委组织部副部长汪敢先、市委党校副校长卢剑锋一行，在县委常委、县委组织部部长刘文的陪同下，就黄山市委党校现场教学点选点一事来到万二村进行实地考察调研。

汪敢先、卢剑锋一行在对万二村实地考察中，被这座有着 400 多年历史的独特的石头山寨古村落深深震撼，对 2017 年以来，万二村党总支在昌溪乡党委政府的领导下，以党建引领，坚定不移地走旅游扶贫的乡村振兴之路表示赞赏，对万二村广大党员在脱贫攻坚、美丽乡村建设、产业发展，公共事业发展、创城创卫以及服务村民方面所做的工作和取得的成绩给予了充分肯定。

汪敢先副部长表示，万二村这样一个有着独特资源禀赋的传统古村落被保护得如此完好实属不易，今后一定要继续坚持保护第一的原则，在保护的前提下开发利用好村子；乡村旅游让万二村对外影响越来越大，让广大的村民特别是贫困村民在发展乡村旅游中逐步受益，万二村的广大党员要继续发挥好在乡村旅游和脱贫攻坚中的先锋作用，把万二这个美好的家园打造得更美好。她还说道："扶贫工作队驻村以来，真正是沉下身子抓扶贫，融入了贫困户和村民当中，并开动脑筋找出路，因地制宜谋发展，为万二村闯出了一条旅游扶贫的产业发展新路子，精准扶贫的思路及日益显现的扶贫成效是有目共睹的。希望扶贫工作队要继续保持这种真扶贫、扶真贫的热情与干劲，和村里的广大党员一起，带领村民把万二村的乡村旅游搞好，使其成为全县和全市一个新兴的令人瞩目的旅游新景点，最终通过乡村旅游让广大村民走上脱贫致富的大道。"

市委党校卢剑锋副校长则提出："对这样一个差异性很强的独特村庄，在保护好的同时要更加注重古村落历史文化的挖掘，并形成完整的文化资料，这样就能对不同的群体以不同的内容和形式介绍给他们，他们能够各取所需，了解到各自所想听到的内容，让他们在考察游览万二之后，留在他们心中的不仅仅是这个独特的石头山寨，还是能真正给他们带点精神上的东西，回去细细品味。"

考察调研结束后，汪敢先、卢剑锋同时表示，回去后，将认真研究万二村作为市委党校现场教学的可行性，争取将其列入市委党校现场教学点，让更多的市内外的党校学员能来到万二村，看看这个地处深山腹地的石塝上的"徽州布达拉宫"石头山寨，感受这个村落的原生态的保护，以及古代徽州先民们建设美好家园的智慧与坚韧不拔的精神。同时，也让学员们能够亲眼目睹，脱贫攻坚给贫困农户带来的实际的帮助以及给贫困山村带来的实实在在的变化，从而更加充分认识到党领导下的脱贫攻坚工作在新时代的现实意义以及在党史上的重要的历史意义。

我们衷心期待万二村能早日列入黄山市委党校现场教学点。

（五十七）“行知职教精准扶贫实践基地”落地万二村

1月17日　晴

一扫连续几周的阴雨天气，今天阳光灿烂，冬日暖阳。

经万二村扶贫工作队的牵线，今天上午，安徽省行知学校与万二村村委会在“徽州布达拉宫”石头山寨万二村，共同签署了“行知职教精准扶贫万二村合作协议”，并举行了“安徽省行知学校精准扶贫实践基地”授牌仪式。这是继2017年11月，万二村与上海师范大学天华学院签署旅游扶贫合作协议后的又一个合作协议。由此，万二村在未来3年时间，将得到安徽省行知学校在乡村实用人才培养、农村实用技术培训、村民日常服务需求以及名师送教专项指导等方面全面的无偿服务！

国家级重点职业学校安徽省行知学校坐落在伟大的人民教育家、中国现代教育之父陶行知先生的故乡——国家历史文化名城歙县，建校20多年来,始终以陶行知“求真、生利、创造”为校训,铸就“捧着一颗心来,不带半根草去”之校魂,形成了“善教、乐学、敬业、和谐”的良好校风。于1999年跻身首批国家级重点职校,并先后荣膺全国学陶师陶先进单位、中央教科所德育实验学校、教育部NIT培训测试中心、安徽省重点建设的示范性职业学校。

这次行知职教扶贫合作签约暨精准扶贫基地挂牌,是中国职教基地安徽省行知学校职教扶贫走进贫困山村的一次创新,将有力提升万二村民、特别是贫困村民综合素质和实际的生产技能。安徽省行知学校校长于日锦表示:行知职教扶贫协议签署后,我们将充分发挥行知学校的人才优势,以万二村民、尤其是贫困村民帮扶所需为责任,长年地为村民做好各类服务,让职教扶贫在万二村开花结果!

职教扶贫签约及精准帮扶基地授牌仪式后,安徽省行知学校的专业老师们,为万二村民开展了家电修理和书写对联等深受村民欢迎的服务。从上午九点多钟至下午两点多钟,老师们共为村民们书写对联100余幅、修理大小家电近30件!

(五十八)
旅外人士话万二:拳拳之心,古道热肠

2月1日 晴

农历新年快到了,乡村的旅外人士都在这段时间陆续返乡。为了万二村乡村旅游在新的一年里招商引资取得突破,推动万二旅游加快发展,昌溪乡党委政府今天特意请来了昌溪乡和临近的深渡镇的10位在外创业的成功人士,到万二村考察并召开座谈会,以期寻得投资万二的商机。

这批旅外人士大多是从本地前往杭州、宁波、苏州、无锡等地,从事机械、房地产物业、旅游服务和创投公司,均是大山深处走出去的创业成功人士。在对万二村全面考察后,旅外人士一行与昌溪乡党委政府负责人和万二村扶贫工作队、村"两委"开展了座谈。一些旅外人士在座谈中深有感触地说:"我们都是从歙南走出去的,一晃十多年过去了,今天来到我们熟悉的万二村,亲眼看到了万二村通过打造美丽乡村和走旅游扶贫的道路，使村里的村容村貌发生了很大变化，对外影响力和美誉度越来越大，展示了非常好的发展前景，是一个令人期待，也是值得开发旅游的独特的徽州古村落！特别让我们感到欣喜的是，万二村的发展，让这里的父老乡亲看到了未来的希望和美好的前景，他们的精神面貌都跟过去大不一样了，人人脸上挂着笑容，我们真诚地感谢扶贫给家乡带来的变化！”同时，旅外人士表示，万二村今天是“网红村”了，已经具备了发展乡村旅游的条件和一定的基础，回去后，将更加关注万二村的旅游发展动态，并想方设法为万二村这个“徽州布达拉宫”石头山寨发展乡村旅游、走旅游扶贫乡村振兴之路做点实事！

在江苏从事玉器销售的万二村村民王健更是感慨发言，他说：“我是生在万二村，长在万二村的，过去当我身在其中时，我根本没有意识到我的家园是那么的与众不同，是市里来的扶贫工作队队长发现了这个村的巨大价值，并正在带领村民开始发展乡村旅游，真的，我发自内心地感谢他们！当然，这里的旅游业刚刚起步，还需要资金等各方面的支持，为了家乡的发展，我愿意和家乡的其他在外创业人士一起，共同投资万二的旅游。”他的话音刚落地，深渡镇在外创业人士姚滨接上了话题，他说：“深渡的千百渡酒店是我和我弟弟共同投资经营的，我们有一定的从业经验，如果需要我们支持开发石头山寨万二村，我们会认真考虑的！”

屋外寒风凛冽，屋内暖意融融。大家你一言我一语，为了万二村的乡村旅游发展，人人都在开动脑筋，个个都在出谋划策。拳拳之心，古道热肠，溢于言表！

（五十九）
过年后返村第一天见闻

2 月 12 日　阴

过完了欢乐却又疲惫的大年后，今天按时返回了我的万二村。

村口的车比腊月二十九那天离开时要少了许多，外地返乡的打工者已在最近几天又匆匆地离开了……过年，对他们来说既是一种植入心中的不舍的传统，也是一种必须匆忙而来又无奈地即刻离去的仪式了！这就是当下农村的现状。之于我，则是农历新年后又一年扶贫工作开始了……

今天在村里走访贫困户和村民们。刚进村，86 岁老人汪根发从高高的石塝上走来，那只早已熟识我的大黄狗比他先跑到我面前，蹭着我摇头摆尾，根发老人一句“吴书记，过年好，这么早就来了啊？”让我顿觉一身暖暖的。听说贫困户吴丽兵的母亲生病，村党总支书记、村委会主任，也是村医的吴献华拿了些医药用品前往，我年前去看过老人家，这次再去看看。老人家去年正月里摔了，在床上躺了整整一年。这户贫困户的女儿在我刚来万二扶贫的那年，作为昌溪学校两个考取歙县中学的一位，今年下半年就要读高三了。由于国家扶贫政策在教育扶贫这块很有力度，让这个孩子一直能安心地读书。希望孩子明年能考个理想的大学，我总是相信“穷人的孩子早当家”的！

从吴丽兵家出来，踏着村里连接着每一户人家的青石板街道，蓦地被一声热情的“吴书记好！”把我给叫住了，原来是村里的年轻小伙子王耀彬，他是留下来在村里第一个搞旅游餐饮接待服务的年轻人。

万二村，地处歙县昌溪乡深山腹地，是一个始于明代，有着四百多年历史的村庄，也是一个省级贫困村。2017年省第七批扶贫工作队入驻万二后，被这个“藏在深山人未识”、村庄布局看去貌似西藏布达拉宫的石头山寨深深吸引和震撼了！很快一个以打好石头山寨“徽州布达拉宫”旅游品牌，走原生态村落体验、摄影写生和民宿休闲的旅游扶贫之路被确定了下来。随后，通过大力对外宣传，这个被新华社安徽频道誉为“徽州最后的原生态村落”的村庄，去年先后迎来了中国人民大学艺术学院院长丁方教授，清华大学建筑学院教授单德启等知名专家学者。还有江苏、安徽的画家写生团一来就是三四十人。通过扶贫工作队的牵线搭桥，万二村与上海师范大学天华学院签订了旅游扶贫合作协议，并创办旅游扶贫合作基地，迎来了近50位中国台湾企业界人士和18位上海大学的法国留学生。短短一年时间，万二村成为了远近闻名的“网红村”。

刚才跟我热情打招呼的小伙子王耀彬，原来在杭州做过厨师，去年回到村里后发现村里的游客越来越多，他觉得有商机，便留下来不走了,在自家开起了农家乐,没想到一下就火了起来。去年5月以来,特别是金秋时节,来万二游览观光的人很多,小伙子几乎每个周末都能接待好几桌游客用餐,最多一次一下接待了40多人就餐,地方不大,就轮着开桌。旅游,让他有了不少的收入,更有了在家乡创业大展宏图的奔头与干劲。

"吴书记,从正月初二开始就有游客来我家吃饭了,几天里我就接待了30多人,还有浙江,江苏和北京的一些老客户预约了,三月份油菜花开时来万二旅游,订好在我家吃饭,一起加起来差不多有150人呢!"看着王耀彬一脸的踌躇满志,我也打心眼里为他高兴。又听说他正在联系村里亲戚,打算把亲戚家闲置的房子租下来,用来扩大接待规模。我说扩大经营后需要帮手的话,可要首先考虑贫困户啊。"一定,一定,这点吴书记尽管放心!"

告别这个万二村搞旅游接待的"小能人",回到万二村标志性地方——高高耸立的石塝处,看见七八个村民正聚集在高塝上,兴高采烈地说笑,他们或端着火熄,或抱着孩子,或嗑着瓜子,喜气洋洋地……看到我走来,同样是一片热情地问候"过年好!"随后,在与村民热情的交谈中,他们告诉我:"这几天,你不在,来了许多游客呢,大年初一就有不少人;过年以来每天都有,有本地的,有浙江的,还有北京的……"随后,一个村民说:"来了许多客人,都是开车来的,车都停不下了,下面那个停车场要加快硬化,用起来;还有,乡村旅游接待中心要快点搞好,来人好接待啊。"

大家你一言我一语,都在关心家乡的旅游现状。我说:"知道、知道,这些都在加紧搞,不久就会搞好的,大家放心!""是吧,这样就好,这样就好!”村民们高兴的眼神中更充满了期待!

告别石塝上的乡亲,走在万二村古老的石板路上,我的心里既高兴又深感压力,高兴的是经过两年来的扶贫,旅游扶贫让万二村民看到了未来的希望;深感压力的是,虽然我们扶贫工作队为村里确定了今后的发展方向、也做了些努力,但离村民的期望还有差距。新年里,作为第一书记和扶贫队长的我,要带领村“两委”和扶贫工作队继续奋发努力才是!

想到这些,踏着脚下万二街如玉的古老青石板,我的步子更加坚定了起来……

(六十)
扶贫工作队牵线,
"爱心人士"捐助孤儿王新海

2月20日　阴雨

经过我的牵线搭桥和积极争取,今天上午,黄山广播电视台副台长、黄山交通旅游广播总监俞靖,率领爱心单位黄山市纵横幼儿学校负责人,并捎带来了屯溪荷花池学校老师的一片心意,来到刚刚开学不久的昌溪学校,向在该校就读的昌溪乡万二村贫困户少年王新海捐赠了8000多元助学金,鼓励他克服困难,发奋努力,以优异的成绩来回报社会的关心!

王新海同学的家庭是万二村目前唯一尚未脱贫的贫困户。他的父亲王家明去年因白血病复发,医治无效去世。新海的母亲是重度智力残疾患者,由此,王新海被有关部门认定为孤儿!没有了父亲,加之母亲的疾病,让新海一下失去了生活的依靠!曾一度给这个突陷逆境的少年精神上带来很大打击,一定程度上影响了学业。

万二村扶贫工作队对这户贫困家庭一直给予关心和帮扶，在去年王新海父亲王家明白血病住院期间，扶贫工作队就给予了关心帮助。万二村帮扶单位歙县教育局也对这户困难家庭伸出援手帮扶，歙县人民医院爱心人士也予以关爱……今年 1 月，作为扶贫工作队队长的我得悉黄山广播电视台交通旅游广播，正在开展一个聚集社会爱心人士和企事业单位，为贫困村贫困户困难学生进行爱心捐赠助学活动，便极力联系争取，从而获得了黄山广播电视台的大力支持。经过黄山广播电视台交通旅游广播台的联系安排，赢得了屯溪荷花池小学和黄山市纵横幼儿学校的爱心支持！

在昌溪学校，黄山广播电视台副台长、黄山市交通旅游广播总监和黄山市纵横幼儿学校负责人一行，走访了大山深处的万二村王新海的家，看望了新海的母亲。他们一行表示，今后会继续关注这个贫困家庭孩子，让人生中失去了众多的王新海能在社会的大家庭关爱下安心学习、健康成长！

刚刚进入新学期的王新海，在接受捐资后表示，一定会记住社会各方对他的备至关爱，也一定会用感恩的心来激励自己刻苦学习，用优异的成绩来报答大家！

（六十一）
高校引领万二村
走出旅游扶贫乡村振兴路

4月17日　晴

最美人间四月天。4月17日，地处歙南深山区的省级贫困村歙县昌溪乡万二村，灿烂的阳光下，村民们又一次迎来了上海师范大学天华学院110名旅游管理专业的大学生。这是该学院自去年以来的第二批百名大学生前来万二村开展旅游扶贫实训活动。在上海师范大学天华学院引领下，一年多来，一个“藏在深山人未识”的小山村，力推“徽州布达拉宫”旅游品牌，正在努力走出一条旅游扶贫的乡村振兴之路！

万二村是安徽省省级贫困村，2014年建档立卡贫困户92户252人。通过几年的脱贫攻坚，2017年实现了整村出列。今年仅剩余未脱贫户1户2人。长年以来，村民主要收入来源于茶叶、菊花和外出务工。

群山环抱的万二村是一个有着400多年历史的徽州传统村落。从明代末年开始，万二村的先民从山外迁徙于此，开山取石，垒石砌塝，硬是在深山坡上依山就势造出了200多幢徽派民居。刻印着历史沧桑的青石板铺就的层层街巷，如血管般纵横贯通、巧妙延伸，三四层楼房随处可见，整个村落气势恢宏、浑然天成！其远远望去，貌似西藏布达拉宫，2017年，新一批扶贫工作队入驻万二村后，确定了把万二村打造成原生态村落体验、摄影写生、民宿休闲的多元化乡村旅游景点，作为未来产业发展的突破口，并对外高高举起了“徽州布达拉宫”石头山寨旅游牌子！

为闯出旅游扶贫乡村振兴之路，2017年11月4日，通过扶贫工作队队长的牵线搭桥，上海师范大学天华学院前来与万二村共同签署了“上海师范大学天华学院—安徽省歙县昌溪乡万二村旅游扶贫合作协议”并共创“旅游扶贫合作基地”；12月，由上海师范大学天华学院与万二村签约后带来的首个旅游团近20人来到万二村旅游观光，揭开了万二村乡村旅游序幕；2018年4月，上海师范大学天华学院带来了100位旅游系大学生来万二开展旅游扶贫实训，为万二村在吃、住、行、游、购、娱和旅游发展的整理规划设想及民宿设计等方面进行调研，并形成了近200页的调研成果报告，对旅游正在起步阶段的万二村起到很好的指导作用；经上海师范大学天华学院的推介，2018年5月，江苏省苏州市星期天户外旅行社组织了近50位台湾企业界人士来万二观光旅游，实现了万二村接待台湾旅游团的突破；11月，同样是经上海师范大学天华学院的推介，上海大学18位法国巴黎大学的留学交换生来万二观光考察，再次实现了万二村接待国外旅游团的突破。去年12

月28日，闻名全国的乡村振兴典范——合肥三瓜公社半汤乡学院院长陈民利一行慕名前来万二考察，对万二村发展乡村旅游进行指导。

2018年7月，清华大学教授单德启来万二村考察时，用了"奇、绝、文"来赞誉万二村；中国人民大学艺术学院院长、文化部艺术小镇委员会主任丁方看了万二村后十分震撼并大胆预测"万二村未来的发展目标是打造世界文化遗产！"北京大学原校长王恩哥几年前也曾来到万二村，参观了万二村后，盛赞万二村先民们历经数百年营造出如此气势恢宏的石头山寨的超凡智慧与坚韧精神！

去年以来至目前，万二村共接待国内外游客1万余人。万二村民、特别是贫困村民在旅游发展中逐步获益。万二村现有农家乐3家，基本都是贫困村民开办。贫困村民汪向东今年2月开办农家乐后，短短两个多月收入就有了七八千元。

为迎接万二村旅游业大发展，万二村这几年加快了基础设施建设。万二村通过多渠道争取到扶贫资金，用于基础设施、公共服务、水利建设、生态项目建设等近20个建设项目，总投资600多万元。2017年投资的万二村停车场已完成、村口环境污染严重的养猪场进行了顺利搬迁；2018年投资的万二村村道最狭窄路段昌前段改线拓宽工程正在全面硬化中；万二村乡村旅游接待中心正在加紧施工并将很快竣工，具备六七十人的就餐和近20人住宿的接待能力，为今后万二村乡村旅游大发展奠定良好基础。

万二村在2017年通过了"安徽省美丽乡村"验收后，又跻身"黄山市百佳摄影点"；今年1月，万二村的万二中心村和关山村双双获得"中国传统村落"称号。

在万二村扶贫工作队的努力下，万二村先后与深圳、上海等实力企业接触洽谈投资开发万二村乡村旅游事宜。不久前，与一位来自上海的有情怀、有实力、有成熟的民宿开发经验与营销网络的企业家达成了投资意向，以期走出一条村民、村集体、开发商“三位一体”的股份合作制的乡村旅游发展之路。这正是一条因地制宜的旅游扶贫之路。由此，万二村未来的乡村旅游将是开放式的合作共赢、稳定长远的共同发展，万二村的村民、尤其是贫困村民必将受益于乡村旅游业的蓬勃发展。

起步和受益于上海师范大学天华学院的旅游引领，在乡村振兴的历史机遇中，“徽州布达拉宫”石头山寨万二村旅游扶贫的步子迈得更加坚实！

(六十二)
程红副市长:
开发万二旅游一定要沉得住气

4月20日 晴

今天,副市长程红在参加昌溪乡旅游文化节开幕式后,专程赶到万二村考察调研旅游扶贫。

走在古老的青石板村道上,程红副市长对我说:"你们这个'徽州布达拉宫'石头山寨,之前有好多人告诉我,说是一个很值得一看的地方,你来到万二村开展扶贫工作,能够很快因地制宜,发现了这个石头村独特的价值所在,而且能很快付诸行动,打出了'徽州布达拉宫'旅游牌子,这个村也很快成为了'网红村'。这些都说明,你们的扶贫思路是对的,扶贫路子是精准的,很值得其他贫困村借鉴。当然,这里的乡村旅游刚刚起步,今后还有许多工作要做,但一定要坚持发展乡村旅游不动摇,久久为功,相信你们一定会成功的!"

走村串巷,细细品味着独特的石头山寨,高高矗立的石塝和耸立于石塝之上的一座座徽派民宅，处处彰显出昔日的辉煌与喧嚣和今日为人们呈现出的“岁月静好”的幽美意境，程红副市长由衷地发出感慨：了不起，令人震撼，一个非常值得开发的大有希望的村庄！

随后，在听取万二村扶贫工作队和村“两委”的汇报后，程红副市长指出：万二村是一个有着独特资源的村落，对这样一个保护得如此完好和品质极高的村庄，根本不用担心没有开发商来投资，重要的是现在千万不要随随便便找个投资商就开发掉了，如果这样那就很可惜。你们下来开展扶贫工作，一项很重要的任务就是要为村里找出一个长远稳定的产业，这是扶贫的关键。你们找到了一条旅游扶贫路子，并逐步把这里的独具特色的资源优势转化为旅游产品和商品优势，这是非常值得肯定的；但在发展乡村旅游中，特别是起步阶段，一定要沉得住气，要格外注重坚持保护第一这条原则。对万二村资源品质这么高的村庄，发展旅游，一定要进行顶层设计，高端开发，要在保护与规划上下深功夫，这对万二村今后旅游的发展和壮大，打造出歙县乃至黄山市旅游景点精品至关重要！她说，看了万二后，未来的旅游发展可以在石头、石塝和300多个石窟猪栏上做不少文章，可以有计划地组织开展旅游促销活动，并根据这里独具特色的村庄布局以及徽派建筑风格，策划组织相关的论坛，让专家学者考察研究并由此进一步扩大万二村的对外影响力！

(六十三)
连续来人调研乡村旅游,是喜是忧?

4月25日 晴

继昨日歙县无党派人士学习联络组来万二村考察调研传统村落保护与传承利用,探寻万二村走原生态村落体验、摄影写生、民宿休闲多元化的旅游扶贫乡村振兴的做法之后,今天,徽州区工商联机关又组织10多人前来万二村考察调研乡村旅游。接连不断的来人调研,无形中给乡村两级的接待带来了一定的压力,由此也听到了一些不同的声音。

那么,面对来万二村考察调研的人越来越多,是喜是忧?究竟是来的人多好,还是少好,甚至没人来清闲省事好呢?我以为,答案是显而易见的,当然是来者多多益善,特别是对我们这个刚刚起步发展旅游的"锁在深山人未识"的小山村来说,真的还需要更多的人来关注、来关心、来支持。这就如同一个发展中的企业一样,当一个企业正步入朝阳时期，前来了解情况和洽谈合作者肯定很多，也就有了“门庭若市”；而当一个企业步入衰败甚至濒临倒闭时，肯定来的人越来越少，以致“门可罗雀”了。企业如此，一个乡村发展旅游同样如此。更何况前来万二考察调研，对我们万二村本身就是一个听取他们的意见和建议的一个难得的机会，而他们在调研后都将形成调研报告，这对万二村的对外宣传影响一定是有很大帮助的，这点毋庸置疑。歙县无党派人士学习联络组来万二村调研，就是要以万二村为例，撰写传统村落在新时代是如何保护、开发和利用的调研报告，以作为年内向政协提交的报告；徽州区工商联是慕名而来，回去后，将以万二村为例，形成“他山之石，可以攻玉”的乡村旅游发展调研报告。由此可见，在对待前来万二村调研考察的人越来越多，是持欢迎的态度，还是嫌麻烦，这归根到底，还是一个地方、一部分人是否破除狭隘思想、真正解放思想的问题。在这方面，我以为乡党委政府必须予以重视，并加以正确引导。唯有如此，万二村，这个地处歙南深山腹地的小山村，才能最终有希望走出大山，走向“诗”和远方……

写到此，我想起了昨日歙县无党派人士联络组一位人士跟我谈起他看了“徽州布达拉宫”石头山寨万二村后的感想，真的让我很是感谢，受益匪浅！他如是跟我说：“看了你们万二村后，让我很是震撼和激动，我从内心更希望万二村能够成为撬动歙县旅游发展的一个‘着力点’；只有民族的，才是世界的，从这个方面来说，我们对于万二的未来要有世界眼光，从汉民族山地聚落的典型代表之一来探索、研究、推动，或许大有作为……”说得多好啊！

（六十四）
我为万二发展旅游代言

5月10日　晴

经歙县县委组织部选派办的推荐，今天中组部主办的国家级媒体——《乡村干部报》，把我作为歙县昌溪乡万二村发展旅游代言人，在该报专栏刊登了我对“徽州布达拉宫”石头山寨万二村的介绍。

自参加工作以来的30多年里，在我曾工作过的几个单位，受到各类奖项与表彰也有过不少，但对我来说，始终激起不了我心中的涟漪，因为那只是对从事的工作所必需的认真和努力的结果，没有其他特别的东西附于其中。但我来到万二村扶贫后，虽已到快退休的年纪，却开启了我激情澎湃的新的生活。究其原因，那就是我喜欢上了万二村，爱上了这个独特的村庄，爱上了这里每一处高耸的石塝，爱上了这里每一块光润如玉的古老青石板，爱上了这里的一草一木，更爱上了这里依然贫困却热情朴实的村民。从来到万二村的第一天起，我就有了开发和利用万二村独特的景观村落资源优势，通过旅游，把万二村民带上脱贫致富的路子的想法，并从心底充满了自信！正如一位先哲说的“伟大的精力是为伟大的目的而产生的”。也正因此，驻村开展扶贫两年来，我充满了活力、充满了干劲、更充满了一种信念与情怀，投身到我喜爱和愿意为之全力付出的工作中去。记得有次县里领导陪市里领导来万二调研时，县领导说：“清健书记到下面来抓扶贫，是真正地融入了村里，花了不少力气把万二村旅游牌子打出去了，可以说没有你的到来就没有万二村的今天，以后你可以成为万二村荣誉村民了！”听到这话，我当时心里涌起一阵莫名的激动，心想，这个“荣誉村民”我打心里愿意得到呢！

正是基于我对万二村的一种情怀和寄予的期望，当县委组织部选派办主任联系我，让我准备一篇文章，作为万二村旅游发展的代言人，在乡村干部报上刊出，我一口就答应了，并且认真写下了下面这些文字——

我为乡村代言：“徽州布达拉宫”欢迎您！

安徽省黄山市，历史上的古徽州，有许多传统村落，万二村便是其中之一，被誉为“徽州最后的原生态村落”。

深藏在闺中的万二村，幽深宁静，古朴祥和，是一个建在高山坡地上的小村庄，村里的房屋一幢挨着一幢，耸立山间。万二村不仅有粉墙黛瓦砖砌的徽派民居，还有取红壤木材筑成的土屋，层层叠叠，鳞次栉比，布局错落有致，井然有序。

全村 90%的住宅均为明清时期所建的徽派建筑，有着“无宅不雕花"的传统,充分反映了古村人民的勤劳与智慧以及民间精湛的技艺。整个村落气势磅礴、浑然天成!

几乎所有初识万二村的人,对它的第一印象都是"震撼"。远眺万二,酷似布达拉宫,当地人便打出了"徽州布达拉宫"的旅游招牌,成了远近闻名的"网红村",全国各地的游客纷至沓来。

作为"徽州最后的原生态村落",万二村几乎没有损坏过一块古老的青石板,没有拆毁过一幢老屋,就连无人居住的老屋部分坍塌的残垣断壁,也是丝毫不动地保持着原始状态,让人体味到"岁月静好"的意境。

当地流传着一句顺口溜:"万二十八街,除了屯溪街,就数万二街。"

目前,万二村正在努力走出一条旅游扶贫的乡村振兴之路,在获得了"安徽省美丽乡村"的称号后,又跻身"黄山市百佳摄影点",今年1月还荣获了"中国传统村落"的称号。

初夏是万二村最美的时节,"徽州布达拉宫"欢迎您!

（六十五）
市级老干部的勉励：同筑乡亲父老梦，引领奋斗往前奔

5 月 18 日　晴

今天，黄山市原市委常委、常务副市长、市人大常委会原副主任鲍小如，率领市农委原主任凌毅、市司法局原局长汪厚德、市物价局原局长黄正义等，来到“徽州布达拉宫”石头山寨万二村考察调研。他们都是退休多年的老干部，但多年来，仍抽出时间赴各地乡村奔波调研，出谋划策，发挥余热，走访调研后得出的意见和建议，以一定的方式向市委市政府反馈，以供市委市政府决策参考。

一进村，在万二村口坦上，鲍小如就与脑溢血致残的边缘户吴昌华亲切交谈，得悉扶贫工作队对其非常关心，乡村两级也正在为其申请五保户资格，鲍小如给予充分肯定，并且鼓励他好好养病，战胜疾病，树立生活的信心；随后，他又与贫困户吴惠兰、汪根发交谈，询问扶贫给他们带来的帮助。

之后，鲍小如一行还特地到万二村最高处，走访了今年万二村唯一一户预脱贫户罗火凤家。了解到患有严重智力残疾的罗火凤，在其丈夫王家明去年患白血病去世后，家里只有她与上初中的孩子相依为命，社会给予了她家更多的关怀帮助，通过乡村两级和扶贫工作队的努力，为读初中的孩子王新海办理了孤儿证；特别是万二村扶贫工作队，以满腔的爱心和社会责任感，联系并得到了市广播电台黄山旅游交通广播的大力支持，通过旅游交通的“爱心听众”单位和个人，两次为王新海同学捐款共计近 1.5 万元。鲍小如很是赞赏并且指出，对该户在扶贫政策兜底的前提下，再通过社会扶贫来对其继续帮助，这就是在真扶贫、扶真贫！

在身患血液病的边缘户王善辉家，鲍小如鼓励他要以积极的态度对待疾病，并且力所能及地做些事情，使生活不因困难而失去色彩。鲍小如最后来到贫困户汪向东家，得悉他自今年 2 月开办农家乐以来，收入已近万元，十分高兴，鼓励汪向东要在提升接待服务质量上下功夫，以诚信赢得更多游客，在万二村现已开办的三四家农家乐中带个好头！

在万二村村委会，鲍小如一行与万二村扶贫工作队和万二村村“两委”负责人就旅游扶贫和乡村振兴展开座谈。万二村自 2017 年全省第七批扶贫工作队进驻以来，扶贫工作队和村“两委”带领该村大打“徽州布达拉宫”旅游品牌，坚定不移地走旅游扶贫的乡村之路，使得万二村在短短一年多时间成了远近闻名的“网红村”，并且赢得了两处“中国传统村落”国家级金字招牌，目前，万二村正在抢抓机遇，立足保护规划和开发利用，通过招商引资，尽快走出一条村民、村集体、外来投资商“三位一体”的股份合作制的旅游发展之路。鲍小如听后十分肯定地说:“思路决定出路,万二村走旅游扶贫的乡村振兴之路,是十分正确的,且是大有希望的！这是一条能让万二村民实现稳定脱贫并且逐步走向致富道路的新的特色产业,要坚定信心地走下去。什么叫精准扶贫,这就是精准扶贫！万二村的发展前景十分广阔,让这里的村民富起来,完全可期!”同时,鲍小如就今后万二村发展乡村旅游,在规划先行、招商引资、交通基础设施改善以及村庄环境卫生整治等方面都分别提出了想法与期望。

调研结束后的当晚,鲍小如还满怀激情赋诗三首——

(一)

万二村居藏青山,
天地人和始王汪。
慧眼识得布达拉,
脱贫攻坚更好看。

(二)

层层叠叠大山间,
家家户户石阶连。
粉墙黛瓦写万二,
明月清风茶水甜。

(三)

情真意切理家珍,
图文万二精气神。
同筑乡亲父老梦,
引领奋斗往前奔。

（六十六）
赴革命老区金寨
接受"不忘初心，牢记使命"党性教育

6月4日　晴

5月31日至6月4日，我们歙县第七批选派帮扶干部共100多人，在县委组织部和县扶贫开发局带领下，来到大别山革命老区的红军故里、将军摇篮——金寨县进行"不忘初心、牢记使命"党性教育暨歙县第七批选派干部培训班培训活动

培训学习期间，我们怀着崇敬的心情参观了金寨县烈士纪念馆、金寨县革命博物馆；还来到习总书记到金寨县调研扶贫工作时去过的花石乡大湾村村民陈泽申家，了解该户通过党的扶贫政策和各级的帮扶给他家带来的大变化。

当我们来到金寨县桃岭乡东冲村这个出了100多位红军且大部分牺牲了的红色贫困村时，又有了意外的发现：这里是红色之地，电视剧《潜伏》的主角夫妇原型就是战争年代这个村里的人；这里是希望之

源,那个在上世纪九十年代,由《中国青年报》记者拍摄的著名照片《我要读书》的"大眼睛女孩"苏明娟就是这个村的孩子,那张震撼人心的照片具有划时代的意义,它一经发表引起了中央高层的高度重视,并由此拉开了解决千千万万贫困孩子读书难的全国性的"希望工程"序幕……

学习培训期间,我们还参观了双河镇大畈村,其中村党总支书记能够担任金寨大畈创福发展有限公司董事长(法人),这给了我们一个很大的启示。另外大畈村的振风超市也是颇具特色,村民在日常各个方面获得大家认可后而累计加分,之后达到不同分值者则前来领取不同档次的奖励商品,这真是一个不错的激励村民做新时代文明村民和改善村风的行之有效的办法。不过,超市里每年购买商品的经费,是由该镇一位成功的企业家赞助提供的。由此看来,当下的农村,特别是贫困村,在许多方面都需要资金的支持和推动,需要有爱心、有情怀的家乡的贤达来支持。

经金寨的朋友推荐,在学习培训结束前夕,我来到地处县城红军大道旁的"八月桂花遍地开纪念广场",广场上有一巨大不锈钢雕塑的大月亮,故这里又称"月亮广场"。土地革命时期,金寨县梅山一小学校长罗银青创作,王明妹妹陈觉民首次教孩子歌唱并登台演唱的歌曲《八月桂花遍地开》,成为一首脍炙人口的经典革命歌曲,中华人民共和国成立后在大型舞蹈史诗《东方红》中演唱,很快便传遍全国。广场四周遍植的桂花,锃亮的巨大不锈钢月亮与排列两侧的硕大不锈钢的载歌载舞的红军战士雕塑,构成了"八月桂花遍地开纪念广场"的三大要素,着实壮观,令人震撼!

学习培训期间，我们听取了安徽省优秀党总支书记安庆潜山县黄埔村党总支书记、省委党校教授以及金寨县党史研究专家的授课。

短短几天的培训学习，我们走进革命圣地，深切体会到革命胜利来之不易和先烈们抛头颅洒热血、为了劳苦大众翻身得解放过上好日子的坚定信念；我们走进这几年全省脱贫攻坚取得成效和经验的贫困村，实地了解学习他们在脱贫攻坚中探索的经验和做法……这些无不让我们更加理解了“不忘初心、牢记使命”的深刻内涵和现实意义，并将激励着我们在今后扶贫工作中，坚定信念，敢于担当，再接再厉，以更大的热情与干劲，投身到火热的扶贫工作中去，坚决打赢脱贫攻坚战！

（六十七）
群众心中的“自家人”

6 月 18 日　晴

根据市委的要求，为总结两年来奋战在全市脱贫攻坚一线的贫困村党总支第一书记、扶贫工作队队长在基层工作的实际成效，由市委组织部在全市贫困村中挑选了一批第一书记，由市新闻媒体作集中采访报道。昨天和今天，黄山电视台和《黄山日报》先后以“吴清健：群众心中的‘自家人’”为题，对我两年来的驻村工作情况进行了报道。这是市委对我们全市所有艰苦奋战在脱贫攻坚一线同志的关心，是对我们工作的鼓励，更是对我们继续再接再厉、扎实工作、决战决胜脱贫攻坚的鞭策！

现将今日《黄山日报》头版刊登的文章记录如下：

吴清健:群众心中的"自家人"

身处歙南深山腹地,昌溪乡万二村本名不见经传。互联网裂变式传播的"春风"袭来,这个昔日小村落因独特风貌一跃成为"网红村"。这些改变离不开一个人,他就是被当地村民视为"自家人"的万二村党总支第一书记、驻村扶贫工作队队长吴清健。

仲夏阳光悠然地掠过这片高山坡地,山野的风清新自由,树荫下的光影晃动着,可爱中透着些许狡黠。万二村是有着400多年历史的徽州传统古村落,幽深宁静,古朴祥和。这里的房屋年代感强,一幢挨着一幢耸立山间,整整齐齐的石块或石片绵延其中,远眺宛如一座城堡。

这一幕几乎震撼着每一位山外来客,吴清健2017年4月接到下派省级贫困村的任务,踏上万二的土地时的感受自然也不例外,吴清健回忆:"这令人震撼的村落,体现了万二村民坚韧不拔的那种毅力、那种精神,为了打造自己的家园所付出的努力。"

如何将资源优势转化成旅游优势和商品优势,带领当地村民拔掉穷根早脱贫?吴清健很快进入工作角色。他用脚步丈量着民情,以作风温暖着民心,以咬定青山不放松的心志,努力探索出一条因地制宜、可持续发展的乡村旅游振兴路。

"原生态村落体验"擒住了万二村旅游发展的魂。经过他的牵线,2017年11月,万二村与上海师范大学天华学院签署了旅游扶贫合作协议。学院组织的首个旅游团于当年12月抵达,正式揭开了万二村乡村旅游的序幕。此后,一拨拨的游客纷至沓来,这让当地村民嗅到了前所未有的商机,4户村民先后办起了农家乐,最多可容纳300人同时就餐,万二旅游经济呈现出欣欣向荣的景象。“没想到我们万二村这么受欢迎,这4个来月,我家单农家乐已经挣了12000元了,游客都说我饭菜做得好。这个表扬是用钱都买不来的。”村民汪向东难掩喜悦。

近年来,借力“安徽省美丽乡村中心村”建设,万二村不断加大了基础设施建设投资和环境污染治理力度,新建公共停车场、搬迁了村口的养殖场、完成了昌前段道路改道拓宽工程。

产业扶贫谋新篇,倾情付出暖民心。吴清健把万二村视为家乡,把村民看作自家人,时刻把贫困户和困难村民的冷暖记在心间。定期看望慰问贫困老人、为患重病的村民解决就医难题,对吴清健来说是常有的事。村民遇上心里解不开的疙瘩,也都愿意主动找到吴书记谈一谈。

“我最感动的人就是扶贫队长,两年来他经常去看我九十多岁的老母亲,还自己掏钱买牛奶。”吴成亮是万二村2018年的脱贫户,说话时颇为动情。

吴清健认为自己身为党员有责任有义务为他们解决更多的困难,“每次为他们解决困难的时候,都感到非常欣慰,同时也是不辜负老百姓对我的信任。”

投资50万元扶贫资金新建的乡村旅游接待中心即将全面竣工,新增60人就餐和近20人住宿床位,届时将大大提升万二村旅游的接待能力。开发民宿休闲、摄影写生和原生态村落体验的多元化乡村旅游模式,是万二村今后特色产业发展的突破口和经济增长亮点。

"村民、村集体、旅游开发商'三位一体'的股份合作制发展模式,将推动万二村的旅游实现跨越式发展,吸引更多在外打工的青壮年回来创业就业,在家门口从事旅游和旅游相关的行业,那实现的不仅是脱贫,我们的目标是致富奔向小康。"吴清健目光长远。

（六十八）
“主题党日”活动在田间地头进行

7月9日　晴

今天，万二村党总支带领各支部的部分党员和村里部分贫困户，来到徽州区岩寺新四军军部纪念馆参观，而后到该区西溪南镇铁皮石斛种植基地考察，把本月的“主题党日”活动放到田间地头进行。

在新四军军部纪念馆，大家重温了“铁的新四军”在岩寺成军并挥师东进抗日的光辉历程。在新四军群雕前，全体党员们向鲜红的党旗举起右手庄严宣誓！

随后，在岩寺镇和西溪南镇政府负责人陪同下，我们来到地处西溪南镇的黄山黄盛铁皮石斛种植基地，实地考察了铁皮石斛的种植生产，与基地负责人就如何扶持万二村种植名贵中药材铁皮石斛开展座谈交流，特别是对铁皮石斛在环境要求、种植技术、市场销售等方面进行了详细咨询。交流中，不少党员和贫困户对在万二村能否顺利种植铁皮石斛以及种植后的产品销路问题格外地关注,基地负责人表示,公司的铁皮石斛深加工生产批复申请正在加紧审核,一旦批下来,公司将在名贵中药材的种植技术指导、产品销售等方面全力帮扶万二村,为万二村村民、特别是贫困村民在种植业上闯出脱贫致富新路子做出贡献!

考察铁皮石斛种植基地后,万二村村委委员、二支部党员吴本焰说:"我们万二地处深山幽谷之中,又有好的水源,也没有什么农药污染,加上又有那么多树木,可以考虑种植铁皮石斛这个名贵中药材。"家住关山高山上的老党员吴宏法则高兴地对我说:"我们关山在山上,环境好,污染少,很适合种植石斛,加上这种药材种植不需要花更多的力气的,而是要注重用心细致地管理,这方面是我们年纪大的人的优势,如果可能,我想在关山带个头种它。"而随行的贫困村民汪向东,是一个很有头脑、也很勤快的人,他快言快语地说:"几十年来我一直都在山上挖些中药材卖,对中药材我比你们更懂也更喜欢弄,今天看到这么好的名贵中药材,我心里已经痒痒的了,我一定想办法在山里种点,这样,我在家又搞农家乐,又种铁皮石斛,今后的收入肯定相当不错……"

"不忘初心、牢记使命",乡村振兴、奋勇担当。通过参观新四军纪念馆和实地考察黄山黄盛铁皮石斛种植基地,万二村党总支、村委会和扶贫工作队深感脱贫攻坚,责任重大,使命光荣,在当前万二村坚定不移地走旅游扶贫的乡村振兴之路同时,还要因地制宜、想方设法为村民、特别是贫困村民在发展种植经济作物、增加收入方面多谋新路子,让万二村民、尤其是贫困村民,在不久的将来能通过"旅游+精致农业”,真正踏上致富道路,进而奔向小康!

“主题党日”活动搬到了田间地头进行,不一样的方式,给了万二村党员们不一样的感受,更希望最终能带来不一样的成效!

(六十九)
E公司拟打造
“中国万二村美术创作基地”

7月30日 晴

近日来,E公司张总连续两次带人前来万二村考察投资开发万二村旅游事宜,今天初步定下,拟把万二村打造成“中国万二村美术创作基地”,这让我们心中一阵激动!

随着万二村的对外影响力越来越大和知名度不断提高,万二村这个依山而造、错落有致的独特石头山寨,不仅引起旅游者的兴趣,而且得到越来越多的美术家、美术爱好者的格外青睐。两年来,来万二进行艺术创作采风的有安徽省美术家协会、江苏省南通市美术家协会、上海浦东油画院还有来自北京、浙江、山东、广东的美术家们。钟情于这里独特的村庄布局结构层次,沉醉在人类与大自然和谐美好的家园,一幅幅能让人们“看得见山,望得见水,记得住乡愁”的作品在他们笔下诞生,并通过各类展览,让世人知道了地处皖南深山腹地的万二村，了解了这座“徽州最后的原生态村落”，油然而升起去看看这个“徽州布达拉宫”石头山寨的想法。中国美术家协会会员、安徽省著名油画家杜仲，去年以来，他多次来万二村写生创作，其作品万二村居系列于去年底在合肥举办的全省画展中展出而大放异彩，受到参观者好评。这就是艺术的魅力，这就是绘画带来的影响力！这同时也充分说明，万二村以其独特的村貌景观和层层叠叠、错落有致的高山徽派建筑群，成为艺术绘画创作的绝好地方，是美术家的“天堂”！

这位与全国各地美院有着密切联系与合作的 E 公司张总，正是以独特的眼光“慧眼识珠”，看到了万二村发展美术写生与乡村旅游并举的潜力所在，从而拟定下投资万二村，把万二村打造成“中国万二村美术创作基地”的投资方向与投资定位。具体思路是：一经项目签约后，公司将通过自身的文化企业优势，与全国八大美术学院联手，共同打造艺术家、艺术爱好者创作、修养、作品展览及交流的教研实践基地。项目包括游客中心打造、老宅装修、村内整治、换乘车辆、村里土地流转和农耕文明体验园打造等。为此，乡、村两级要共同积极配合并尽快把村里的闲置农房给收购下来，届时作价以村集体资产整体注入公司。最终就是要在充分保护万二村原生态下，进行美术创作基地的建设，并走出村民，村集体、外来投资商“三位一体”的共同开发乡村旅游的新路子。

仿佛是做梦一般，万二村就快要被“嫁”出去了。我衷心期望这次能合作成功。

(七十)
县长调研指出:
万二资源禀赋独特,旅游定能搞起来!

8月2日　晴

今天上午,县长吴旭光顶着炎炎烈日,来到"徽州布达拉宫"石头山寨万二村调研乡村旅游,并走访贫困户,送上党和政府的关怀。

沿着古老沧桑的万二青石板街拾级而上,吴旭光县长被这座始于明代末年、被誉为"徽州布达拉宫"石头山寨的特色村落深深震撼!他向陪同的万二村扶贫工作队队长和村"两委"负责人仔细询问这里的古民居保护、村庄环境整治、农家乐发展以及基础设施建设等情况。当听说自2017年5月起,万二村扶贫工作队驻村后,确定了走旅游扶贫的道路,从那时起就对该村采取了非常严格的保护措施,即"从进村的第一块青石板,到村庄最高处的最后一块青石板,一块都不能损坏;村里所有的房子绝不允许再刷一条新的标语!"吴旭光县长听后十分赞赏,称这个提法和要求,抓住了万二村子作为原生态村落保护的关键，非常好！这个要求不折不扣地落实好、保护好了，就是万二村未来的财富！得悉万二村目前从事旅游服务餐饮接待的已经有了3家，而且其中的2家分别是贫困户和边缘户，他说道：“发展旅游，走旅游扶贫之路，就是要让这里的村民、尤其是贫困村民参与到旅游服务中来，通过旅游服务得到收入，通过旅游服务摆脱贫困进而走向富裕道路。当然，开农家乐，办餐饮，一定要按照行业规范要求和标准进行，同时文明素质要不断提升，这些都是未来旅游接待中必须具备的。”他希望随着万二村旅游走向红火，有越来越多的村民加入到旅游服务队伍中来！

在万二村村委会会议室，吴旭光县长分别听取了昌溪乡党委书记吴开秋、乡长方惠丽和万二村党总支第一书记、扶贫工作队队长的汇报后指出：扶贫工作队驻村工作以来，瞄准了万二村独特资源优势，不断加大对外宣传力度，翻开了旅游扶贫的新篇章。万二村有如此好的资源禀赋，坚信旅游一定能搞起来！在全县旅游整体规划中，要把万二村列入其中。他指出，万二村发展乡村旅游还要注重抓好以下几点：一是要保护好这里的古代遗存和原生态环境；二是要继续加大对外宣传力度；三是要改善这里的交通环境，要发展旅游，没有交通安全和顺畅不行！

吴旭光县长最后勉励乡村两级干部和万二村扶贫工作队：只要坚定不移地发展旅游业，走旅游扶贫的乡村振兴之路，愿干、肯干、往前干，县委县政府一定会大力支持！

之后，吴旭光还在万二村走访了吴榴英等贫困户，仔细询问户上的产业发展、政策落实和当前生活状况。

(七十一)
在获悉我当选了"黄山好人"之后……

8月5日 晴

经过一周的网上公开投票以及黄山市文明办评选委员会的最终评选结果,我获得了今年8月敬业奉献类"黄山好人"称号!

一周前,市文明委办公室发布的网上投票推荐信息如下:

吴清健,男,汉族,1962年12月生,中共党员,歙县昌溪乡万二村党总支第一书记、扶贫工作队队长。

推荐理由:精准扶贫注真情,万二旅游"引路人"。

2017年5月,黄山市社科联调研员吴清健作为安徽省第七批选派干部被组织上派到省级贫困村——歙县昌溪乡万二村任党总支第一书记、扶贫工作队队长。驻村工作不久,他带领村"两委"确定了万二村走旅游扶贫之路的思路与目标,并通过宣传使万二村由一个名不见经传的村落一举成为远近闻名的"网红村"。

通过吴清健的牵线搭桥，万二村与上海师范大学天华学院共同签署了旅游扶贫合作协议，并共创旅游扶贫合作基地，在全市是首创。该学院“百名大学生旅游扶贫团”两次来到万二村开展旅游扶贫；万二村在2018年先后实现了台湾游客和国外游客团队的突破！目前，万二村已有3户村民办起了“农家乐”。在吴清健的积极争取下，万二村乡村旅游接待中心业已竣工；争取各类资金，投资数百万元完成了万二村停车场和万二村生态养殖场的兴建、昌前段的改道拓宽、万二村白云组近300亩的土地流转……

得悉获得了黄山市“黄山好人”后，在获得此荣誉高兴之余，我忽然觉得心情反而沉重起来。

就在昨天和前天，利用周末，我来到医院陪护我88岁高龄的老父亲。老父亲在我下乡的这几年里几乎每年都由于血液凝血功能下降而至胃大出血住院，我却一直在乡下扶贫很少有时间陪在他身边。这次，老父亲是在端午节那天胃再次大出血住进医院的，这一住就差不多两个月了。由于扶贫工作太忙，我去医院陪护老人家次数屈指可数。最近一个多星期来，老人家感觉一直没劲，这几天也都不想吃任何东西，看来很难闯过这一关了。

今天乡里要召开脱贫攻坚“秋季攻势”任务布置会议，作为扶贫工作队队长的我，必须得赶回去参加。这样，面对身体极度虚弱的老父亲，我只能把看护他老人家的任务又交给弟弟、妹妹了。一想到此，我的内心有种说不出的滋味涌上心头，很是愧疚，却也只能如此。

这两年来，在扶贫工作与陪护我重病住院的老父亲上，我切身体会到了什么叫“忠孝不能两全”！但作为一名老党员，既然接受了组织派给的扶贫任务,再大的困难都必须去克服。这是责任和担当,也是对党组织的庄严的承诺!

（七十二）
白天走村入户忙扶贫，晚上陪护病危老父亲

8 月 14 日　晴

全省上半年扶贫督查巡查在即。上午我们万二村扶贫工作队集中在村里进一步整理村级扶贫档案，力求更加完善、准确；同时我又在准备村党总支第一书记、扶贫工作队队长的访谈材料，一个上午很快过去了；下午，与村党总支书记吴献华一起再次入户走访王吉山、吴丽兵等贫困户和王善辉、吴昌华几位边缘户。

就在走访期间，突然接到妻子发来的微信，说是市医院血液科住院部主任跟我姐姐说，我病重的父亲可能就在这几天要走了，要我们做好准备……我心里霎时一惊。岂料，过了十来分钟，妻子又发微信来，说父亲又在迷迷糊糊中呼唤我女儿——他的孙女了，妻子说已电话告诉女儿从北京赶回来。

鉴于此，我只能向乡党委请了假，连夜赶了回去，并直奔医院。

来到父亲的病房,但见病危的父亲依然昏迷着,口里的痰很多,呼吸不畅,在输氧鼻吸下,嘴张着,他这是在用嘴吸气。见状,我心里"忽"地阵阵酸楚涌上心头。由于七八年前父亲心脏主动脉夹层手术,引起了血液不凝的病,下乡扶贫以来,父亲每年都会因为血液不凝身体各个部位大出血而住好几次医院,我因为在乡下扶贫很难抽出空来陪护他老人家,大都由弟弟和姐妹们看护照应,对此我心里一直很是愧疚的!

晚上我和妹妹留在医院陪父亲。由于痰多呼吸困难,父亲经常咳痰,只要父亲一咳,我就立刻从躺椅上起身,为他老人家轻轻拍背,也许是真的有一定效果,也许是老人家知道是长子回来了在为他拍背,每次一拍他都会舒服一会儿,但仅仅是一会儿,没过多久又继续咳嗽起来,我则又去为他轻轻拍着,仿佛是在拍一个孩子入睡一般。

看到眼前的父亲,我又想起 10 天前我去看他,他看到我晒黑了,瘦了,又听说我下乡后血压升高了,他老人家用慈爱的眼光看着我,用微弱不清的嗓音对我说:"在下面辛苦,不要太累了,自己照顾好自己啊!"一想到这些,再看看昏睡着的父亲,我仿佛心里在怨恨自己这几年在他老人家住院时陪护的太少太少,我真的真的也想在老父亲病重期间能为他多做点什么,多照顾他一天,但我在百里之外的大山里扶贫,真的实在是挤不出更多的时间。我也曾想过,如果我不下乡,仍在原单位,那一定是能够抽出更多的时间去陪伴他的。我心里也非常清楚,既然接受了组织交给的下乡扶贫任务,那肯定就会有所放弃和付出。尤其是在真正沉下去抓扶贫,真心想把一个贫困村搞好搞出个模样来,那就必然会付出的更多更多。

就这样，在灯光灰暗的病房里陪着病危的老父亲，我一会儿躺在椅子上，一会儿又爬起来，去为他轻轻拍背，几乎一二十分钟就要起来一次，直至天亮……

（七十三）
电影《万二古村》剧组来到万二村

8月28日 晴

随着"徽州布达拉宫"石头山寨万二村对外宣传力度的不断加大和名声远播，在吸引了众多媒体前来宣传报道的同时，也引起了影视界的关注和青睐！早在去年初，就有一部播放很火的电影拍摄剧组来万二村选景。今天由知名导演张磊（曾参与热播剧《人民的名义》《三生三世十里桃花》等电视剧拍摄）率领的安徽远杉影业公司剧组一行，为电影《万二古村》来到万二村实地踩点勘察。该影片将通过几位画家无意中来到了独特而神秘的古村落万二村创作写生，之后发生了一系列令人回味的故事……

电影《万二古村》由张磊创作、编剧并执导！当问起编剧和导演张磊为何要以万二之名来写一部电影剧本时，张导这样告诉我说："万二村这两年对外的名声很大，好多人都在朋友圈和微信里发了许多万二村的图片,我也是偶尔在朋友发的图片里看到了。这个村的独特面貌,特别是那高高耸立的高大石塝,一下抓住了我的眼球,脑海里总是会不断浮现出那高高的石塝,那曲径通幽的高山街巷,还有那高高低低、参差错落、别具特色的徽派民居,于是就想到了绘画写生,想到了这个古村是不是会有许多画家探访过?任由思绪联想,我便以书画为线索,用短短半个月时间,就以石头山寨万二村做背景,发挥想象,构思创作出了电影故事片《万二古村》剧本,同时很快完成了电影脚本。我相信,以万二村这样一个与众不同的别具特色村庄为背景,拍出来的片子一定会有非常理想的视觉效果。”同时,张导还告诉我,是万二村的独特给了他无限灵感,他一气创作了两部电影剧本,除了《万二古村》外,还写了一部以万二村背景的古装电影。听了张磊导演得一番话,我的内心无比激动!

张磊导演还把《万二古村》的电影剧本概要给了我,其主要内容如下——

两幅赝品,一场骗局,设局人终被局设,一时贪欲,倾家荡产,一时得意,遍体鳞伤。

故事大纲:金钱,欲望,充斥着整个社会,艺术家们经常为生计奔波,陷入重重困境和自我怀疑,一次次的笔会成了互相吹捧的酒会,各种金钱的诱惑让多少人沉迷其中而忘了当年学艺的初衷,如何寻找属于自己的艺术之路成了大多数画家一生的追求。辛苦一年的创作却敌不过那些奸商们的几次操作。去伪存真,增加鉴赏能力。一幅画,好在哪里,败笔在哪里,都值得我们探寻。让艺术回归艺术本身。

万二村,这个昔日名不见经传的深山沟里的小山村,随着影视的介入,必将会迎来新的更大的旅游发展机遇,也一定会加快步伐走向诗和远方……

（七十四）
万二村关山
——一个令人惊诧的工匠村落！

9月18日 晴

从万二中心村登上万二村关山组，沿着古老的石板道，即便赶大早躲避烈日的暴晒，也得湿透了衣服攀上半个多钟头才能到达。

关山是今年万二村获得的两个“中国传统村落”中的一个（另一个是万二中心村）。这个村子与万二中心村一样，也是一个明代开始发展起来的村庄。也许地处高山的客观条件限制，其发展的速度与规模终究赶不上在其下面的万二村（当地人不叫万二村，都是叫“万二街”，有200多户，最多时1200多人口）。关山这个不大的村落，只有七八十户人家，近200人，但目前在家的最多也就五六十人。

村子不大，人口不多，难免看去有些凋敝。但在走访这里的贫困户和普通村民时，意外地有了对这个不起眼的高山上的村落让人刮目相看的收获：

其一,改革开放之初,百废待兴,国家对西藏布达拉宫开展大规模维修,需要能工巧匠,这项任务由国家有关部门下派到安徽省政府,省里下任务到徽州地区(即今天的黄山市),徽州地区最后把任务下派到歙县,歙县则交给了古建公司负责此事,公司最后找到万二村关山传统匠人,于是关山村很快组织了七八个人会同从外乡找来的几人前往拉萨,成为一支重要的木匠、石匠维修队伍,圆满完成了对布达拉宫的维修任务。想到我来万二村开展扶贫工作后,鉴于万二中心村村貌布局貌似西藏布达拉宫,为打旅游品牌,便为其取名"徽州布达拉宫",实乃冥冥之中的天意与巧合。

其二,上世纪八十年代合肥包公祠包公墓的修复,也是关山人前去动工修造;同样是上世纪九十年代,马鞍山采石矶的太白楼大殿,也是关山人承包此工程后,请了山下的万二中心村的工匠汪善达等多人前往打造的;还有上世纪在绩溪县的部队医院东方红医院,当时是皖南医疗水平最高级的医院,它凝聚了不少关山工匠的心血与汗水;还有徽州区的丰乐水库(也叫 250 水库)也都有关山石匠参与其中……也许还有很多令人惊诧而让人钦佩的关于关山人走出去创造一番天地的故事不一而足,有待今后慢慢挖掘整理!

当然,关于关山,还有一些已知的而值得一提的,那就是:1949 年 4 月解放徽州的最后一战就是在关山的龙王尖,村民说山上还有战壕,死去的 27 位烈士,被抬到山那边的洽河安葬了,所以有了 27 烈士墓,但关山村是名副其实的龙王尖战斗的激战现场和勇士牺牲地。通过宣传推广,关山又可以朝着红色旅游方向去规划打造。此外,关山也是文昌古道的必经之地,其不远处就是阳产土楼景区,故而,关山虽地处高山顶上，又是通衢之地。

鉴于此，关山村获得“中国传统村落”是当之无愧的！当然，要使其有万二村如今这样对外知名度和影响力，依然需要加大宣传力度，因为，没有宣传就没有影响力，没有宣传就没有旅游。

（七十五）
代表歙县驻村帮扶干部参加市委市政府扶贫工作座谈会

9月30日　晴

今天上午，我作为歙县扶贫工作队队长代表，参加了市委市政府召开的全市帮扶干部座谈会。市委副书记黄林沐、副市长程红到会听取了来自各区县的扶贫工作队队长代表的发言。

我发言的题目是《打好“徽州布达拉宫”品牌，闯出旅游扶贫新路子》，重点汇报了我驻村工作2年多来，如何带领万二村扶贫工作队和村“两委”，坚定不移地走旅游扶贫乡村振兴之路的做法。

座谈中，我谈到，我是2017年5月驻村工作任歙县昌溪乡万二村党总支第一书记和扶贫工作队队长的。我们扶贫工作主要有3大任务，一是抓基层党建促脱贫攻坚和经济社会发展；二是抓扶贫，主要是在乡党委政府领导下，搞好脱贫攻坚工作；三是抓集体经济发展，就是因地制宜地通过推动产业发展来持续稳定地增加村集体经济收入。

这三项任务中，作为扶贫工作队队长，我花去力气最大的，还是如何让万二村走出一条特色产业发展之路，让村集体增收，让万二村的贫困村民踏上持续稳定的脱贫路子。习近平总书记指出，“发展产业是实现脱贫的根本之策。要因地制宜，把培育产业作为推动脱贫攻坚的根本出路”。我两年前第一次到万二村后，就被万二村这座“藏在深山人未识”的石头山寨所震撼，很快与村“两委”班子达成共识，决定走旅游扶贫的路子。

在坚定不移地走旅游扶贫的乡村振兴之路中，我们万二村主要做了以下几个方面的努力：

一是充分利用独特的村貌资源禀赋优势，打造“徽州布达拉宫”旅游品牌，奋力闯出旅游扶贫的发展路子，并作为万二村今后产业突破和乡村振兴的方向；二是不断改善基础设施，为万二村发展乡村旅游创造了条件；三是不断加大对外宣传力度，为万二村发展乡村旅游大造了声势；四是与上海高校签署了旅游扶贫合作协议并共创“旅游扶贫合作基地”，为万二村发展乡村旅游提振了信心赢得了市场；五是走村民、村集体、外来投资商“三位一体”共同开发的股份合作制之路，为万二村未来乡村旅游发展确定了基本合作路径。

之后，我就今后进一步搞好脱贫攻坚工作向在座的市领导提出几点建议：

一是在扶贫资金安排上，既要照顾各贫困村面上的投入，也要对有潜力与发展前景的贫困村进行重点倾斜帮扶投入，尤其是基础设施建设方面，否则，基础设施的落后必然会制约大有希望的贫困村的发展。

二是市里招商引资，要对贫困村一定的支持与倾斜，伸出援助之手，以公益帮扶的形式有计划地帮助有希望的贫困村对外招商，把扶持贫困村招商引资纳入市、县招商"大盘子"中。

三是我们市直下派到歙县的25个扶贫工作队队长，大多数是50多岁的、甚至接近退休年龄的，大家都是肩负使命，踏实苦干，无怨无悔，各级要在身体健康、心理健康以及家庭生活上予以他们更多的关心。

四是扶贫工作队成员不能频繁更换。要尽可能保持工作队的稳定性，否则会导致扶贫工作接续困难，势必会影响扶贫工作的预期效果。

最后，我谨代表全县下派驻村工作的帮扶干部，由衷地感谢歙县县委组织部和扶贫开发局一直以来对我们扶贫工作队员的关心、鼓励和支持，感谢他们不断创新工作方式为我们扶贫工作带来了活力。比如金融村官、科技村官入驻贫困村，以及每年带我们去外地学习考察和培训，提升我们驻村帮扶干部的扶贫工作能力。

我的发言刚结束，主持会议的程红副市长说："万二村是一个十分有旅游发展潜力的地方，扶贫工作队下去后，做了很多工作，做得很不错，是真扶贫，是精准扶贫，也非常辛苦，今后一定要注重在保护的前提下开发好万二村的乡村旅游！相信万二村的旅游一定会越来越好、越来越红火的。"

座谈会结束后，市委副书记黄林沐单独跟我交谈，说我在万二村驻村扶贫工作后，工作开展得很好、很扎实，他已从多个渠道了解到了，哪天一定去万二村看看。他还告诉我，他把朋友发给他的不少万二村石头山寨的图片，找了一些发给安徽省旅游局局长万以学，希望他能来万二这个"不一样的地方"看看。对此，我由衷地表示感谢！

（七十六）
八十高龄母亲来到我扶贫的村庄

10 月 5 日　晴

今天，我和妻子带着我母亲和从北京赶回来度假的女儿到我父亲、她的爷爷墓地去祭拜一下，然后到家乡北岸村和我扶贫的万二村看看。

父亲的墓地是在他生前半个多世纪以来几乎每年过年都要前往拜年的我外婆家潜口村，在潜口村的黄山第一峰紫霞峰的紫霞公墓的高处，这是一个目前有着数百位已故潜口人的最后的安息地，就在潜口民宅边上一两百米的地方。在女儿祭拜之后，母亲一番念念有词，将心里话对我父亲说了后，满意而舒心地离开了公墓。

驱车一个钟头左右，我们来到了老家北岸村。父亲不在了，我只能陪母亲来老家看看：吴氏宗祠、风雨廊桥、破败的有一百多年历史的祖屋……母亲迈着缓缓的步子，凝神看着这一切，又仿佛在寻找着她当年与我父亲一次次来北岸时留下的美好记忆。从我们一行在北岸桥的留影里母亲那开心满足的微笑中,我知道她是一直想来父亲的老家看看的,这次来了,在我父亲去世不久就赶来了,这是母亲在替父亲再看看老家,再看看老家的乡亲!

告别了北岸老家,虽然时间不早了,但按计划我们马不停蹄,在傍晚时分赶到了我扶贫的昌溪乡万二村。

由于地处深山尽头,暮色来得比外面早许多。在村口广场上,我扶母亲下车,母亲略微环视了一下四周,第一句话就是"你扶贫就在这个大山里啊!"言语中听得出来,她并没有为我这几年为万二付出以及把一个"锁在深山人未识"的小山村推出山外、成为了远近闻名的"网红村"而褒奖我几句,而是为我在这个大山里生活工作了两年多、且还要待上一年多而心疼。这是作为母亲的她老人家此时此刻的最真实的感受与想法,这就是我最亲爱的母亲！由此,我又想起父亲离世前的几周,我周末去医院照顾他老人家,当他听说我到下面扶贫后有了高血压,本已经不能多言的他,却一次又一次地反复叮嘱我说:"不要跑得太累了,那样血压会更高的,在下面很辛苦,自己照顾好自己……"父母都是二十世纪五六十年代的老党员,对自己的儿子,他们没有华丽的言语,却无时不体现出对儿子的关心,正是这种最真切的关爱,成为世上最伟大的父爱母爱！也正是这种爱,激励着他(她)的子女们为了实现人生的理想抑或梦想而孜孜以求、不懈努力!

母亲拄着父亲留下的拐杖,没有让我搀扶,一步一步登上"徽州布达拉宫"万二古街,在高高的地标万二石塝处,在万二村村委会门口,母亲跟我的一家子合影留念。在村委会门口,她还与村里几位"两委"

成员和几个村民愉快地交谈，母亲仿佛又找到了新中国刚成立不久 18 岁的她担任潜口乡副乡长时在村里充满激情地工作的情形……

山里的天色黑得很快，不到一会儿工夫，天有点擦黑了。母亲说："不早了，走吧，天黑山路开车危险！"告别了我扶贫村的乡亲们，我们一家人驱车返回，不一会儿，车便在茫茫夜色中行驶向前……

（七十七）
探寻27位烈士英勇牺牲现场
——万二村龙王尖

10月26日　晴

都知道歙县27烈士墓在武阳乡洽河村，却很少人知道，这27位在新中国诞生前夜的牺牲地是在昌溪乡万二村关山组海拔780多米的险峻的龙王尖上，烈士牺牲后即被关山百姓背至山下武阳洽河一带。

为探寻27位烈士牺牲现场，深入调研昌溪乡万二村红色旅游资源，作为昌溪乡"不忘初心、牢记使命"主题教育重要内容之一，今天上午，昌溪乡党委组织乡、村党员和扶贫工作队，分组走访探寻。

从万二村登山半个多钟头，我们龙王尖探寻小分队一行20多人来到了关山。当两位队友挥动手中的党旗和国旗时，并不知道远处我们即将攀登的龙王尖是那样的高险与陡峭崎岖。

在关山老党员吴宏法等带领下，我们从关山龙王尖山脚下开始登山，很快大家便融入了秋日的山林。

由于龙王尖一直未开发红色旅游，这里半个多世纪以来人迹罕至，草木丛生，上山几乎没有任何道路。好在几位年轻党员早早准备好了砍柴刀和锄头，就这样，他们在前面一路披荆斩棘，我们紧紧跟上攀登。当我们累得满头大汗时，才从吴宏法口中得知“还早，才走了三分之一呢”。继续攀！一路上，我们边爬边从吴宏法和其他关山村党员那里了解到了 70 年前那场就发生在眼前这处现场的“龙王尖战斗”——

1949 年 4 月，渡江战役后，中国人民解放军以摧枯拉朽之势横扫江南的国民党残余势力。4 月 24 日，国民党中央军 192 师 1.2 万人从歙县往南乡溃逃，企图从武阳、岔口、昌溪方向逃往浙江，为了在逃跑途中不受解放军阻击，国民党军队在万二关山龙王尖上驻守部队，企图利用险峻高山作掩护。为彻底歼灭这批国民党残军，奉上级命令，我人民解放军某部乘胜追击，却在关山的龙王尖遇到国民党军队强烈抵抗。

为占领龙王尖制高点，粉碎国民党掩护万余残军撤退的企图，我军派出由 30 人组成的“突击队”强攻龙王尖！一时机枪、步枪、迫击炮声大作，战斗异常激烈，龙王尖时而被我军攻下，时而又被国民党军队夺回，如此拉锯战，整整打了三天两夜，我军终于取得了胜利！然而，这场激战中，我军 30 位勇士壮烈牺牲了 27 位……烈士的鲜血染红了龙王尖四月漫山的杜鹃，为了新中国，他们倒在了新中国成立的前夜！龙王尖，也成了解放歙县的最后一战的战场。吴宏法告诉我们，他的父亲吴社礼当时 30 多岁，是为关山地下党组织跑交通的，龙王尖激战中,他和许多关山老百姓每天冒着枪林弹雨,担水送饭,支援解放军,为龙王尖战斗的胜利做出了贡献……27 位烈士牺牲后,关山村百姓和其他的解放军战士一起,把烈士遗体背下关山。

由此可见,万二村关山组的龙王尖,是著名的 27 烈士牺牲的地方。

万二青山埋忠骨,龙王尖上赞英魂。万二村关山的龙王尖,一个有着震人魂魄、感人泪下故事的红色纪念地!

听着 70 年前 27 位烈士的英雄故事,大家仿佛浑身有了劲头,奋力攀登,沿途但见 10 多处当年激战的战壕掩体犹在。很快,我们一行翻过了两道山岭,终于到达了龙王尖的最高处——胜利尖!胜利尖,在龙王尖顶峰,是中华人民共和国成立后为纪念这场激战的胜利而取名的。在龙王尖顶,我们这支队伍的 20 多位党员同志展开党旗,合影留念。随后,又沿着几乎没有路的山体,摸索探寻下行。

一上一下,整整两个多钟头,我们终于到达武阳乡洽河,与在洽河的另一支队伍会合。在高耸的 27 烈士纪念碑前,向着 27 烈士墓,我们昌溪乡的全体乡直党员和三个村的党员们向鲜红的党旗举起右手庄严宣誓……

（七十八）
义无反顾地冲向山火现场

11 月 5 日　晴

傍晚 6 点左右，吃完晚饭的大家如往常一样都在各干各的事。忽然接到电话，说接到火警报告，深渡下坞口山里出现火情，正在向昌溪乡万二村石际组的瓜坑坞这边烧来……二话没说，我拿起一把竹扫把就奔向火场。

初冬的山里，此刻天已黑下来了。在赶往火灾现场的路上，陆陆续续看到了许多人拿着救火工具前往，有乡里的干部，有万二村的“两委”干部，还有附近的不少村民们。火情就是命令！

在农村，一有火灾，附近村民都会主动赶去救火，即便不是烧在自家门口，也根本不用什么动员。这也许正是农村千百年来的农耕社会文明带来的传统吧，针对突发的火情，大家必须齐心协力共同扑救，这样才能赢得几户人家乃至全村的安全！

我跟着万二村党总支书记吴献华和其他几位乡干部一起，从石际瓜坑坞沿着一条几乎不怎么走人的狭窄山道，朝着照亮夜空的那一片火红，摸索着前进。的确是农村人有劲，从小到大，练就了登山功夫，尤其是夜间爬山，不一会儿，我就被他们落下了。尽管落后，但我依然沿着这条山道往上，朝着越来越亮、越来越热的地方攀登。

终于赶到了瓜坑坞山冈，但见熊熊大火已经掠过山冈，被风刮向远方两三百米的山上，那边火光冲天，大火烧得树枝噼啪作响，深渡镇和昌溪乡有数百位救火者正在奋力扑救。听有人在山下方大喊“注意安全，不要到大火上风去！”这是有经验的人在告诉大家。

落伍的我借着火的光亮朝着前方大火燃烧的地方摸索前行。忽地感到脚下热滚滚的，仔细看，才知道，原来山火是从这里刚掠过不久，好在这里山冈没有草丛，只有很少的茶棵，故火烧得并不旺，否则大火肯定会烧过山冈，烧到万二村地界来。地上是一片片过火后的痕迹，脚下是阵阵火热甚至滚烫——这就是山火的现场感觉！

忽然，我身旁万二村一边的杂树丛里，猛地从地上窜出火苗，瞬间“呼”地烧到了杂树顶端，这是地上藏着的仍未扑灭的火种引起的。见状，我冲上去，一边用手中竹扫把扑打，没有参加过现场扑救山火的可能不知道，这杂木丛的火并不是一打就灭的，有时感觉是越打越多。没顾上那么多，我只顾一个劲地往死里扑打，一边喊人前来，我怕这火势灭不了而迅速蔓延铺开。好在我的动作还比较快，这窜出的火终于被我遏制住了。回头想起来也真是有点后怕，万一窜出火苗时我不在旁边，那这边肯定会引来新的大火的！

当我扑完这里火苗，继续向大火依然燃烧的方向赶去时，觉得远处的火光比原来暗了些，心想一定是火势削减下来了。的确，大概七八分钟后，我终于到达了聚集人最多的山冈处，才知道根据走火方向，有村民早早绕道前往用砍刀和锄头，开辟出一块空地，把熊熊燃烧的大火去路给挡住了些，大火也终于开始放弃了肆虐，逐渐减弱下来。这就是农村人祖祖辈辈留下来的面对山火的扑救经验。

大约又过了半个钟头，远处的火光越来越小，见到的只有零星的火苗，大家的心才放了下来……你一言我一语，才知道深渡那边早已报了火警，消防车进不来大山里，消防人员徒步赶来进行了专业的扑救，否则大火可能不会这么快就减弱下来的。

时已近深夜，大火已基本灭了，只有山火燃烧后留下的阵阵焦烟味依旧在山间弥漫。许多人都陆陆续续下了山，为了防止暗火重新再燃，乡党委书记决定让部分乡干部和村干部继续留守在山上守住现场。

第一次零距离接触山火，由于落伍，虽没有冲进大火燃烧的最前沿，但我在“殿后”中发现了死灰复燃的火舌，并奋力及时扑灭了它，避免了一场可能要直接烧到万二村这边的大火。想到此，我的内心还是蛮有成就感的。

这场大火，让我看到了乡村干部和群众在危难到来之际，无需任何动员，表现出的自觉主动、迅速反应、奋不顾身和团结一致！这就是我们可敬可佩的农村基层干部和广大的村民们！这次亲历扑救山火以及从中的得到的感悟，也是我驻村扶贫后得到的又一锻炼与收获！

（七十九）市委党校现场教学点万二村迎来首批党校学员

11 月 25 日　晴

今天，黄山市委党校 2017 经管专业研究生班学员赴省级贫困村歙县昌溪乡万二村开展"不忘初心、牢记使命"主题教育，这是万二村今年初被市委组织部、市委党校确定为黄山市委党校现场教学点后首次迎来党校的学员。

在中国传统村落、"徽州布达拉宫"石头山寨万二村，研究生班的学员们听取了万二村党总支第一书记、扶贫工作队队长对万二村近 3 年来，因地制宜、坚定不移地走旅游扶贫乡村振兴之路的情况介绍，并实地考察调研了万二村。

学员们认为，有着 400 多年历史的万二古村，作为徽州山地古村落的杰出代表，具有十分独特的石头山寨景观，其关山组的龙王尖又是歙县著名的"二十七烈士"与国民党残匪激战地和牺牲现场，使其又兼具红色旅游基因，由此，具有非常广阔的旅游开发前景！

学员们同时提出，如此得天独厚的景观村落，却由于道路交通阻塞影响了游客的可进入性，故而解决交通通畅问题当是万二村旅游突破的关键，希望市、县政府及有关部门能给予高度重视，尽快解决石头山寨万二村旅游发展的“瓶颈”，让这个独特的村落真正大步走向远方，成为歙县、乃至黄山市旅游的一颗耀眼的“新星”。

有学员表示，万二村这样一个十分独特的村落，其文化与旅游价值很值得作进一步深层次的思考和研究。回去后，将结合我市的旅游现状以及各地旅游景区、景点的特点，来探讨分析万二村未来的发展潜力，形成调研报告后，可作为党校研究生班学员的调研成果，通过一定方式向市委市政府报告，并与有关部门联系，争取能为万二村当下的旅游扶贫和今后的乡村振兴做些努力。

考察调研后，学员们还在万二村村委会议室听取了市委党校老师“不忘初心、牢记使命”的现场授课，并面向党旗，集体宣誓，重温入党誓词！

考察调研期间，市委党校研究生班学员们还慰问了万二村部分贫困户和边缘户，把温暖与关怀送到贫困户和边缘户的心坎上。

受所在单位的委托，市城投公司的学员还在村委会现场向贫困户和边缘护村民举办了用工招聘咨询活动。

(八十)
见阿健方懂得革命人永远是年轻

12月4日 晴

今天,我大学同班同学、安徽省司法厅装备财务保障处处长、安徽省律师协会原秘书长倪永生,在县司法局负责人陪同下,来到昌溪乡开展基层司法调研。老同学来了,分外欣喜,加上今天没有特别的事儿,我便一直陪着老同学一起。

倪永生跟我说:"之所以选择到昌溪乡来开展基层司法调研,一是我们此前就从县局了解到昌溪的司法工作一直搞得不错,里面有许多值得总结和借鉴的东西,特别是在结合农村实际、坚持以人为本,注重基层调解解决村民矛盾纠纷方面,做得很好,很有特色;二是因为你老同学在这里搞扶贫,很辛苦,为村里做了那么多事儿,同学们都知道,正好代表其他同学来看看你。"

在昌溪乡政府举行了有关座谈会后,我便陪倪永生来到了我扶贫的“徽州布达拉宫”石头山寨万二村。

一到万二，我一如接待一个团队的到来一样，从村口开始，便充满激情、滔滔不绝地给他介绍起万二村，介绍万二村村名的来历，介绍万二村与其他村落相比较它的独特优势，介绍万二村自扶贫工作队入驻后如何带领村民走旅游扶贫之路的艰辛探索与实践，介绍万二村在发展中依然面临的问题。边走边看，从村口山脚一直攀登而上，我如数家珍，老同学听得仔细认真。他还边走边拍边及时把万二村的独具特色的高高石塝村落、层层叠叠错落有致的徽派民居、蜿蜒连绵的如玉石街，还有那四处可见的独特的石窟猪栏发到朋友圈，霎时就迎来了一片点赞！

他深有感触地说道：“清健，万二村真是一个非常有特色的村庄，组织上把你派到这个山村来当扶贫队长真是选对人了。你到万二村后，为了万二村走旅游扶贫路子，吃了不少苦，用尽了心思，也付出了很大努力，才有了万二今天在外面那么大的影响，这些我们都知道，我们班上在省城的同学碰到一起，一聊天就会聊到你，大家都对你表现出无比的敬佩呢！今天来了让我看到了真实的一切，真是的，真没想到，都快到了退休的年纪了，你还干了件这么有意义的事情，而且是那么的充满激情，充满理想和干劲！”

听着老同学的一番话，我知道里面有客气话，也有我们的许多大学同学们的心里话儿。在这里，我向昔日同窗四年的安徽师范大学中文系80级三班的同学们致谢了！

考察了万二村后，老同学便踏上了返程的路。晚上，他很认真地挑选了好几张石头山寨万二村的精美照片，发到了我们大学的同学群

"金色阳光 803"里,并在之后附上了这样一句话:"不到万二不知道第一书记的伟大,见阿健(我的微信名)方懂得革命人永远是年轻!"看到他的留言,我一时激动起来,因为这是我见到的最能概括我在大山深处两年多来,沉下身子抓扶贫的一种人生态度、一种工作和精神状态的留言。永生,谢谢你,老同学!

（八十一）
市委宣传部领导来看望：你是真的沉下去抓扶贫了

12 月 31 日　晴

今天是 2019 年的最后一天，市委宣传部副部长吴绍辉带队，由市直机关工委书记吴永良、市人大常委会科教文卫工作委员会主任吴民、市扶贫开发局副局长毕灶明、市委宣传部四级调研员吴芬等一行，来到昌溪乡万二村看望慰问我这个来自我市宣口的驻村党总支第一书记、扶贫工作队队长，了解询问驻村以来的扶贫工作情况和取得的成效，并实地走访、考察了被誉为“徽州布达拉宫”的石头山寨万二村。

我作为我市宣口单位派驻万二村开展扶贫工作的干部，两年多来，带领村“两委”和扶贫工作队，在扎实做好扶贫基础工作的同时，坚定不移地走旅游扶贫之路，通过坚持不懈地宣传推广，把一个名不见经传的深山里的小山村，一举推向了山外，并大步走向远方。目前，万二村是中国传统村落、省级美丽乡村、黄山市百佳摄影点，是黄山市 16

个旅游扶贫重点扶持村,又被市委组织部和市委党校确定为黄山市委党校现场教学点。如今的万二村已是远近闻名的“网红村”！万二村的中国传统村落的投资打造,万二乡村旅游接待中心的落成并对外承包,3 家农民自发办起的农家乐,以及村集体收购的 8 幢闲置民宅的利用,万二村龙王尖红色旅游即将起步,加上 255 亩土地流转的完成并且向千亩土地流转迈进,扶贫工作扎实有力地开展,为省级贫困村万二村展示了脱贫致富奔小康的可期前景!

驻村扶贫 2 年多来,市委宣传部一直对我在基层扶贫给予了十分的关心,特别是在万二村走旅游扶贫之路的对外宣传方面,更是给予了最大的支持。可以说,没有黄山市主流媒体《黄山日报》和黄山广播电视台多次对万二村脱贫攻坚、坚持走旅游扶贫道路的宣传,万二村就不可能迅速地被外界所知,就不可能那么快地一举成为远近闻名的“网红村”。在此,我当由衷地感谢市委宣传部对我扶贫工作的支持!并请宣传部领导放心,作为市宣口下派的驻村扶贫工作者,一位老党员,我一定会“不忘初心、牢记使命”,全心全力投入扶贫工作中,并尽最大努力地去创新工作,去为村民、特别是贫困村民和村集体闯出一条能给他们带来长期稳定收入的产业发展之路!

考察万二村后,在村委会会议室,吴绍辉对我的驻村工作给予肯定的同时,他说:“受市委常委、宣传部部长的委托,我连续走访了几位市直宣口下派的扶贫干部,今天来到万二村,了解到万二村自从你驻村扶贫以来所做的工作和取得的成效,特别是今天看到了你的工作状态和充满的激情,我们真切地感受到你是真的沉下去抓扶贫了！期望你在脱贫攻坚的收官之年,再接再厉,乘势而上,坚决打赢脱贫攻坚战,向党和人民交上一份优秀的答卷!”

2020年篇

(八十二)
新年伊始,感谢信送到了我的单位

1 月 6 日　晴

上午,昌溪乡党委书记吴开秋、乡长方惠丽、乡党委组织委员洪菊红,受歙县县委组织部和歙县扶贫开发局委托,专程来到我单位——黄山市社科联,送去对我在基层开展扶贫工作的感谢信。市社科联班子全体成员参加了接受感谢信仪式。

在给我单位的感谢信中这样写道:按照省委选派第七批选派帮扶干部到村任职工作的安排部署,贵单位积极响应号召,选派吴清健同志作为第一书记(驻村扶贫工作队队长)到我们昌溪乡万二村开展驻村扶贫工作。吴清健同志讲政治、顾大局、守纪律,把农村广阔天地视作人生又一大舞台,努力克服生活、家庭和工作上的各种困难,全身心投入驻村帮扶工作中,集中抓好村"两委"班子建设,不断增强村级班子的综合能力,成为深得基层干部群众信任的"领路人";勇担当,重实干,讲奉献,把脱贫攻坚当作分内职责,用脚步丈量村情,用真心体验民情,成为精准扶贫的"先锋队";充分发挥熟悉政策、视野开阔的优势,用足用好用活各项政策,成为谋划农村产品发展的"主心骨";主动作为,办实事,解难题,一批批项目资金落地生根,成为百姓的民心工程,吴清健同志也成为群众公认的"贴心人",为派驻村的发展做出了突出贡献,赢得了广大党员干部群众的广泛赞誉!

在吴清健同志的艰辛付出下,过去的一年里,万二和关山两个村落双双获得了"中国传统村落";万二村被市委组织部和市委党校确定为市委党校现场教学点;万二村乡村旅游接待中心的对外承包和255亩土地流转并对外承包,不仅增加了村级体经济收入,而且让广大贫困户和边缘户得到了收益分红;2019年全村集体经济收入超过了10万元;同时还争取了大量资金改善了万二村的交通、供水和村组基础道路以及村庄环境,让贫困村民看到了扶贫给他们带来的实实在在的变化!

如今,坚定不移地走旅游扶贫之路的万二村,已成为远近闻名的"网红村","旅游+精致农业"的经济发展路径,一定能推动万二村走向致富奔小康的大道! 在过去的一年里,吴清健同志的驻村扶贫工作的成效,得到了市、县扶贫开发领导小组的充分肯定,他再次取得考核"优秀"等次,并被评为"歙县最美帮扶干部",获得了黄山市敬业奉献类"黄山好人"荣誉称号。

水滴汇于大海,力量源于团队。这些成果的取得,既是下派驻村干部辛勤努力的结果,更得益于选派单位的鼎力支持,你们全力支持驻村扶贫干部工作,切实当好他们的坚实后盾,形成了"一人驻村、全员帮扶”的好局面，受到了基层干部群众的高度赞扬，派驻村的干部群众特别是广泛受益的贫困村民感谢你们，歙县人民感谢你们！

（八十三）
新型冠状病毒与我们自身……

1月24日　雨

昨天，腊月二十九，在村里开完万二村党总支党员大会后，结束了一年的扶贫工作返家过年。

天大雨，提的东西较多，搭乡纪委书记张健的顺风车到歙县县城。由于几天来新型冠状病毒疫情不断升温，又买不到口罩，不敢乘坐歙县到屯溪的公交车了，便让妻子开车到歙县来接我，女儿同来。女儿也是才从北京赶回，前几天就网购了口罩，我一上车她就让我戴上，我说："就家里三个人，没事。"于是，我一路上没戴！

一到家，东西刚放下，女儿就把早准备好的75度医用酒精喷洒剂，"呲呲"地往我全身外衣喷了个遍！的确，对于预防新型冠状病毒，年轻人要比我们上了年纪的人重视得多，大城市人要比小城市人更加注重，当然，可能最不重视的无疑是农村了！

鉴于新型冠状病毒的传播愈演愈烈和媒体的相关报道越来越密集而频繁，觉得这场没有硝烟的防疫战还会持续，不可掉以轻心！当即，给两个月前预订了过年期间家人和亲朋聚餐包厢的一楼实业打电话取消了。的确，屯溪在武汉的旅外人士不少，许多都赶回来了，故在人口密集的餐饮场所是很危险的，不怕一万，就怕万一！防范和保护，一定要从自己做起才是。

晚上，看央视新闻频道，白岩松连线直播采访了我国防治新型冠状病毒医学专家，专家反复强调，出去、特别是到人多的地方一定要戴口罩，要全面倡导“口罩文化”！看来，真的要戴上口罩出门了。

我的单位市社科联对新型冠状病毒疫情很重视，昨天就在微信群里说单位要为每个人买 10 个口罩用于节日防范，可惜，今天一早，值班的单位小伙子去了屯溪几家药店，竟然全部都没货，其中一家前天到的 10 万只口罩当天就分到了各个网点，不到一天全部售空！

我原来在屯溪一中任教时的学生，上海师范大学天华学院院长上午在班级群里转发了我国肺科医疗权威、上海市肺科医院院长严德钧昨天对这次新型冠状病毒的发展、高潮以及结束时间的预测，这场没有硝烟的防疫战争可能要到今年 5 月才会全面结束！

对这场没有硝烟的全国性防疫战，真的都要重视起来，无论城市还是农村，不管是大人还是小孩……面对这汹涌袭来，而且愈来愈烈的新冠肺炎疫情，我的万二村这些日子又该如何去应对呢？唉，大年三十的，本是阖家团圆的幸福时刻，新冠肺炎疫情把一切都给打乱了！

（八十四）带上女儿返家时买的口罩和酒精紧急赶回村里

2月2日 阴

自腊月二十九武汉因新冠肺炎疫情封城以来，新冠肺炎不断扩散，愈演愈烈，感染人数由最初媒体公布的100多人，增至今天的1.9万人，死亡人数也由最初的数人增至300多人。整个过年期间，全国各地都笼罩在恐惧焦躁氛围之中。在全国上下全力阻击新冠肺炎中，各地奇缺的防控物质用品就是口罩。据了解，全市各地几乎所有药店里的口罩早已售罄。

万二村在乡党委政府部署安排下，已经开始全面投入新冠疫情防控工作。在家的村“两委”干部一边及时上门摸底是否有在武汉疫区打工返乡人员情况，一边走村串户向村民们宣传新冠肺炎疫情防控知识。但从村干部在朋友圈和乡村微信群里所发的信息了解到，他们现在由乡里配发的有限的口罩已所剩无几，而接下来疫情防控仍在继续，面临着最大问题就是口罩的缺！缺！缺！

虽然新年假期仍未结束，看到村里疫情防控的现状，作为驻村党总支第一书记、扶贫工作队队长的我在家里再也待不住了，于是在昨天晚上，我就跟妻子和过年返家的女儿说："我要马上回万二去，万二需要我！"

妻子虽然支持我尽快返回村里，但一听我说要把女儿过年前从北京买回来的100只口罩要拿60多个给村里，她不高兴了，说一共才这么点口罩，你一下就要拿去一大半，街上药店现在根本买不到，那我和女儿怎么办？何况疫情还不知啥时候结束呢！我说："管不了那么多了，我要拿60多个走，村里真的很需要。"妻子急了，说道："为什么啊？我们母女安全对你来说就不重要啦？"我不知道如何再解释，情急之下，我大声说了一句："因为我是万二村第一书记！"这时，妻子不再说话了。

就这样，最终在妻子的理解下，今天她专门开车把我从市区送到一百多里路外的深山村落万二村。一到万二村，没说二话，我就提着60多只口罩、一些医用酒精和消毒液匆匆赶到村委会，见到正在值班的村总支书记吴献华和村党总支委员汪永盛。一看见我来，还带来了口罩和消毒液，把他俩一下给乐坏了，汪永盛激动地说："吴书记，你真是雪中送炭啊！"

我说，拿来的不多，先用着，我已经让我女儿又跟她在北京的同事联系了，说是对方答应帮助再买400个口罩，不过要等几天到。一听口罩当下那么奇缺，还能搞到，这真是天大的好事，这可为村里疫情防控帮了大忙啦！看到他俩满脸乐滋滋的，我心里感到特别地舒坦！

从新闻里和手机微信群、朋友圈不断得到新冠肺炎疫情在发展扩散的消息，我心里很清楚，这种情况不是一两天就能遏止的，一定还要经过很长时间。于是，我一急，又拨通了女儿的电话，让她别忘了继续盯住她同事答应的帮助买的那400只口罩……

（八十五）
“歙南第一村”的新冠疫情防控阻击战

2月6日　雨

连日来，昌溪乡各村在乡党委政府的领导下，疫情防控工作有条不紊地全面展开，这其中，有许多感人的事迹涌现出来，有我在防控阻击战中亲眼所见，也有其他当事人亲身参与的。在这样的重大事件面前，我们乡村的党员同志始终都是冲在最前列的，我们的干部无不表现出职责与担当，而我们的群众又是那么积极配合……鉴于此，我那昔日当记者的激情，此时此刻在内心不断涌动，甚至夜不能寐，于是，我半夜起床，披上棉衣，把我所掌握的全乡这几天疫情防控的点点滴滴给认真地记录下来，直至天快亮了，完成了一篇新闻通讯稿——《“歙南第一村”的新冠疫情防控阻击战》，我随后将此稿发给了《安徽日报》，没想到，当日就被《安徽日报·安徽新闻网》刊登出来了！全文如下——

黄山市歙县昌溪乡,地处歙南山区,群山环抱,绿水环绕,她拥有一座"中国历史文化名村",三个"中国传统村落",也曾是清代最后一科状元的诞生地,老舍话剧《茶馆》里"裕泰茶庄"的发源地。因其历史悠久、文风昌盛,历来被誉为"歙南第一村"。就是这样一个山清水秀的幽美山乡,在步入农历新年后,一场突如其来的新型冠状病毒感染的肺炎疫情,一下打破了她往日的欢乐与安谧。同全国各地一样,昌溪乡全民义无反顾地投入到防控新冠病毒感染的肺炎疫情阻击战中!

乡党委反应迅速靠前指挥

农历大年三十,各大媒体都在刊播新型冠状病毒疫情蔓延发展情况。乡党委书记吴开秋以高度的敏锐性,感到这次疫情非同一般,连夜打电话给驻乡值班的乡长方惠丽,要求高度关注重视此事,并随时准备应对。次日,大年初一,中央政治局常委会专门召开防控新冠疫情工作会议。乡党委书记在参加县里紧急会议后,当夜即赶往乡里,并立即召集昌溪乡党委政府领导班子成员全体到岗到位,正月初二一早便研究部署全面防控新冠疫情方案。与此同时,迅速成立了以乡党委书记任组长的疫情联防联控领导小组。"疫情就是命令,防控就是责任"!在乡领导靠前指挥,一线战斗,以身示范带动下,一场坚决遏制新冠疫情传播蔓延的阻击战在昌溪乡有条不紊地全面展开。

"志愿者"肩扛责任奋勇当先

昌溪乡经过摸排,查明了全乡来自武汉的返乡人员 5 户 7 人、黄冈的返乡1户1人、途径武汉返乡的1户1人。面对这些不确定的危险因素,一个以乡直干部、各村“两委”干部、乡卫生院和广大党员以及部分返乡大学生为主体的昌溪乡防控新冠病毒肺炎疫情志愿者组织迅速成立,志愿者们个个向乡党委政府签订了请战书,立下了打赢疫情防控阻击战的“军令状”!没有刻意的要求,一切出自心中的那份责任与担当。“集结号”全面吹响,全乡上下、各村各组开始了“网格式”防控包保宣传与管控……

昌溪乡纪检书记张健,带领乡村干部深入细致地排查并登记武汉返乡人员。对他包保的2户武汉返乡人员,他不辞辛苦,不畏风险,坚持每天到他们家看望,为他们买去生活用品,隔离对象十分感激,积极配合。同时他忠于职守,守土有责,每天到各个劝返设置卡点监督值守人员到岗到位情况。为了疫情防控,他为大家舍小家,从正月初二回到单位后,连续十多天没回过家,他母亲身患癌症已晚期,正月初三住进县医院化疗,他只能通过手机电话和母亲联系,向母亲做好解释。母亲理解儿子,让他好好在乡下,不要挂念她。

昌溪村村委会主任吴炎勇包保一户本村来自武汉的大学生。为了确保该户不外出走动,他除了上门做好宣传劝导外,连续四天,每天搬着一个小板凳坐在该户的巷弄口“把守”,并为该户买来蔬菜等食品及用品。当人们在昌溪乡微信工作群里看到他坐着守候时的疲惫身影的照片,不少人都为之热泪盈眶。感人心者,莫过于行!吴炎勇的真诚付出,让该户十分感动,自觉配合居家十四天后,该户终于解除了疫情感染风险,走出门外,无比欢欣地迎向灿烂的阳光和清新的空气。

昌溪乡卫生院院长吴红兵,从大年三十开始,就没有回过一次家。

他带领着乡里的医疗服务队日夜奋战在抗击疫情第一线。走村串户,他给重点防控对象测量体温,详细查询每日身体状况。亲切和蔼的温馨关怀,打消了所有湖北返乡人员的内心包袱和顾虑,并且十分积极地配合疫情防控工作。武汉返乡的吴浩斌曾问过前来的吴红兵:"吴院长,别人家都离我远远的,您天天来不怕吗?"吴红兵笑着回答:"我是一名医生,这就是我的工作,也是我的责任,你只管好好配合居家观察就行。"吴院长除了对乡里重点防控户跟踪外,还带领医院的医生连续10多天在乡里的两处交通卡口,为进出者测温,严把疫情关。

吴夏雪,安徽农业大学大二学生,是一名预备党员,同时也是这次乡里疫情防控的志愿者。每天清晨,当村里大多数人还在睡梦中时,她便与几位年轻的志愿者出现在了昌溪村的大街小巷,开始了紧张有序的防控工作。问及为何主动积极报名,她说:"2003年非典疫情时,我还是个孩子,现在我长大了,我知道国家在需要我们的时候我该做什么!"昌溪村聘用的文书王飞英自家开了个小店,作为志愿者的她,每天早上都会发个微信问居家隔离的人需要什么,然后去采购送到户上。昌溪乡万二村村民王友法的女儿王家宁大学刚毕业在外地工作,这位年轻的党员这次也积极地加入志愿者队伍,大年初三以来,每天都到村里协助防控,并与村里党员先锋队走户窜巷,鸣锣警示,广播宣传疫情防控。2月5日,万二村一名癌症患者去世,非常时期,万二村"两委"负责人和志愿者及时上门做工作,并帮助这家于当日安葬了死者,死者家里没办一桌酒席,参与者也都各自以方便面充饥,避免了人员聚集情况的发生。双源村入党积极分子凌彩仙,家住深渡镇定潭村,是两个孩子的母亲,作为志愿者的她几乎每天都要赶五六里路在早上7点到双源村防控设置点职守，直至下午5点才返家。

在全国疫情不断发展之际，乡村最缺的是预防口罩。万二村在江苏的创业成功人士、共产党员吴宁国，想方设法购买了1000只口罩及时送到乡政府；昌溪乡三环绢纺厂厂长夏林根视昌溪乡为第二故乡，自掏腰包2万元给乡里用于防疫；昌溪人安徽昌成公司董事长何荣成不仅自身慷慨解囊，还发动亲戚并倡议企业员工献爱心，共募得4.6万元给乡政府开展防疫工作。

正是这些普通的党员和可敬的村民，以他们质朴的信念和无怨无悔的辛苦与劳累，为昌溪乡6千多位村民默然编织着一张硕大而严密的疫情防控"安全网"！

扶贫工作队自觉担当防疫责任

昌溪乡万二村、双源村是两个省级贫困村，这两个贫困村自2017年以来，通过驻村工作队和村"两委"的共同努力，均已实现整村出列。至2019年，所有贫困户已实现全面脱贫。疫情发生以来，两个贫困村的扶贫工作队无时无刻不牵系着村里的防控疫情情况，并提前结束假期赶回村里。万二村党总支第一书记、扶贫工作队队长吴清健，把女儿过年从北京返家时买来的百来只口罩拿了五六十个、连同消毒酒精、消毒洗手液，及时带给村里，还让刚回北京的女儿又想方设法找人买400只口罩并发货给万二村；万二村党总支副书记、扶贫工作队副队长方筱马也给村里带来了口罩和消毒液，并在全乡率先交了3000元特殊党费用于此次疫情防控。双源村党总支第一书记、扶贫工作队队长毕圣龙、副队长杨俊森得知乡里口罩缺乏及时购买收集了200只送到乡政府。

连日来，万二村、双源村的扶贫工作队员们，与村“两委”一道，每天值守防控，奔走在山村小路上。在脱贫攻坚的收官之年，在防控新型冠状病毒疫情的非常时期，昌溪乡的扶贫工作队员，正以一种全新的姿态，展示着扶贫工作者的责任与风采！

（八十六）
今年元宵不回家，值守村口为大家

2月8日 阴

今天是传统佳节元宵节，但新冠疫情防控阻击战正进入关键时期，我们万二村扶贫工作队员都主动留了下来，参与到村里的疫情防控阻击战中。我们深信，严一分把守，就会提前一天胜利。今年元宵不回家，坚守村口为大家！

按照乡党委政府昨日召开的紧急会议部署，我们万二村“两委”干部和各组组长，从今天开始又全面包保入户，详细登记2月2日后进入万二村的人口情况，严格排查，严密防控，严防死守。在万二村的石际组卡口值守时，抽空与村里的几位疫情防控志愿者一起到附近逐户调查登记，严防在节后从外地来万二村者隐瞒不报之事。诚然，整整阻击、防控了14天，倘若有一个近日从外地疫情高风险地区回来而又有问题的人一旦出现，那我们这么多天的艰辛努力成果将前功尽弃！

听说万二村昌前组一户在苏州打工的,前天返回苏州后又回来了,是来自中等疫情风险地区。于是,下午我和村党总支书记吴献华及时前往该户人家,张贴居家隔离告示,并告诉周边的乡亲,注意相互监督,同时安排了一位村民负责这户人家的日常外出购物,以确保居家隔离14天。疫情防控丝毫不可马虎,一定不能有万一出现。

女儿返回北京后,她托人帮助购买的400只口罩,今天终于到了,中午在昌溪乡政府搞了一个简单的捐赠交接仪式。这400只口罩,将由乡政府统一管理,并根据情况,定时安排发放给万二村疫情防控人员使用。作为万村的党总支第一书记、扶贫工作队队长的我,在防控疫情的关键时候,为村里搞来了这么多的口罩,算是为村里做了一件好事儿,我的心里一下也释然了起来。

在最近的几天里,为了及时地向上级部门和有关新闻媒体反映昌溪乡疫情防控的信息,乡里好多乡干部都在积极写稿踊跃投稿。在投稿之前,他们都要把文章发给我,让我这位曾经的记者编辑来为他们把把关。于是,在疫情防控这些天,我额外地承担了这方面的任务,每帮他们修改文章时,我的心里就觉得十分的快乐,虽然有时非常辛苦劳累,但我却依然乐此不疲,因为我在为乡村疫情防控多做着一项工作,多出了一分力量。

今日元宵,由于天气原因看不到一轮明月。夜已很深很深,但依然在忙碌着撰写村里的疫情防控稿件和帮着乡干修改疫情防控文章的我,心里仿佛有一轮明亮的圆月升起!

（八十七）
奋战在山区抗“疫”的村医

2月12日　多云

防控新冠肺炎疫情的近20天里，在歙县昌溪乡万二村，每天都能看到一位戴着口罩、穿着白大褂的中年人，匆匆行走在村道和山村小巷中，他就是昌溪乡万二村村医、万二村党总支书记、村委会主任吴献华。

现年40多岁的共产党员吴献华，作为一名村医，长年来，主要从事万二村、双源村两个村近3000位村民的基本医疗和基础公共卫生服务工作，任务不轻。特别是2017年以来，扶贫工作力度不断加大，健康扶贫中的家庭医生签约服务更是任务繁重，但他忠于职守，不辞辛苦，全力做好，圆满地完成了村医的各项任务。

新冠肺炎疫情发生不久的腊月底，万二村一户在武汉务工者返回村里，作为村医的吴献华以高度的敏感性对该户予以关注，并上门提醒其注意事项。大年初二，乡党委政府防控新冠肺炎疫情任务一下达，在乡卫生院统一部署后，他便主动提出对该户进行防控包保，当天他就上门到该户家里，给他家送去了隔离告知书、防控知识宣传单等。一开始，该户不是很理解，总以为疫情没有那么严重。经过吴献华反复耐心做解释工作后，该户表示接受。之后，吴献华把消毒酒精、消毒棉签、温度计及口罩给了该户，让其在14天的居家隔离期间，每天测温。近半个月的日子里，为了防控该户不让其外出，吴献华一直帮他家代购蔬菜和所需日用品，并坚持每天让他自测体温，以微信或电话告知。整整14天，有这样一位热心、负责的村医在服务，该户并未觉得有太大的不便，十分配合着防控工作。

正月里，万二村村民吴某某患癌去世，吴献华得悉后，作为万二村党总支书记的他，第一时间上门做好家属思想工作，讲清楚疫情防控期间防止人们聚集，不能搞大的祭奠活动的道理，得到了死者亲属的充分理解。吴献华及时叫来了村"两委"干部，并组织几位村民于当日安葬了死者。没有摆一桌酒席，吴献华和所有帮助安葬的人，每人就吃了一盒方便面便离开了，特殊时期的一场极其简陋的葬礼就这样办妥了。

新冠肺炎疫情防控期间的大年初七，万二村一位村民突发腹痛，痛苦难当，打电话向吴献华求助。吴献华及时赶到他家，初步诊断为肾结石，立刻开车把患者送到乡卫生院，后又开车将病人就近送到县二院进行治疗，终于为患者及时解决了病痛。

疫情就是命令，防控就是责任！作为村医，他第一时间递交了请战书给乡卫生院，加入抗击疫情志愿者队伍；作为村党总支书记，他每天都要安排布置好全村的各项防控工作,并奔走于村里各个防控卡口,他还参加昌溪乡入口卡口的夜班值守,夜以继日,通宵达旦。

近日,从本村外出到苏州务工的村民到了苏州后又返回,成为重点防控对象,吴献华又是第一时间上门,迅速接手了新的防控任务……

（八十八）扶贫队长穿街走巷，筑牢基层防疫安全屏障

2月16日 晴

自2月2日提前结束过年假期返回万二以来，我一直与村"两委"干部和广大党员以及志愿者们一起，奋战在新冠疫情防控一线，每日或值守防控卡点，或走村入户，调查是否有外来人员和宣传疫情防控知识，随时掌握防控动态，很是辛苦劳累。这是我这个驻村第一书记和扶贫工作队队长的责任与担当。

我坚守疫情防控一线的工作，得到了歙县县委组织部选派办的关注，选派办主任周福财在多个信息传播渠道上对我这方面工作予以了报道。今天，他采访我之后撰写的新闻通讯——《扶贫队长穿街走巷、筑牢基层防疫安全屏障》一稿在《安徽日报·安徽新闻网》刊登出来，全文如下：

一场突如其来的新冠肺炎疫情，一下打破了人们往日过年的喜庆与欢乐。疫情就是命令，防控就是责任！面对来势汹汹的疫情，歙县昌溪乡万二村党总支第一书记、扶贫工作队队长吴清健在家里再也待不住了，提前结束假期，让妻子开车把他从屯溪送到他所扶贫的昌溪乡万二村。一到村里，他便全身心地与村“两委”们投入到疫情防控阻击战中。

四处筹集防护口罩　筑牢防疫“安全屏障”

疫情防控，口罩紧缺。吴清健一到万二村的当天，就把女儿过年返家从北京带来的一百只防护口罩拿出了六十只，连同家里带来的消毒酒精、消毒洗手液及时给了村委会。当日值班的万二村党总支委员汪永盛万分欣喜地说：“吴书记送来的口罩真是太及时了，这下好了，我们一线防控人员可以用好几天了！”考虑到疫情的发展趋势和防护口罩的缺口，在女儿返京后，他又让其想方设法购买了400只口罩，几天后发货到了村里，缓解了乡村干部和防控志愿者防疫一线的急需。鉴于市中心城区屯溪各药店口罩早已断货，他多次通过他早年在屯溪一中任教时所带班级学生的微信群，动员大家帮忙购买收集口罩……他的心中时刻想着日夜奋战在防控一线的万二村“两委”干部和志愿者们的急需，期望能通过自己的努力，为大家多搞到一些口罩，为他们筑牢防疫“安全屏障”。

穿村走巷　走在疫情防控一线

万二村是出列不久的省级贫困村，全村有8个村民组、1600多人。

经过摸排,有1户1人来自武汉,已按照要求居家隔离;另有来自疫情风险同样较高的浙江的务工人员400多人。吴清健与万二村村"两委"干部和扶贫工作队员,每天穿村走巷,一方面向村民进行防疫宣传,一方面对重点防控对象做细致排查和派专人重点管控,并发动村民共同监督。

为带领好全村党员在疫情防控中发挥作用,吴清健担当起了万二村疫情防控期间的临时党小组组长。在每天的疫情防控工作中,与村"两委"干部和志愿者们一起鸣锣警示、手提小喇叭宣传,使村民们防控意识深入心中,让村民的防控行动化为自觉。与此同时,他每天都要来到村口设置的防控卡口,与大家一起参与检查并劝退外来的人和车,严防死守!

2月5日,万二村一位癌症患者去世。非常时期,吴清健第一时间与村"两委"负责人联系,上门耐心细致地做好死者家属工作,不搞任何祭奠活动,防止人员聚集,得到了家属的充分理解和支持。在村"两委"负责人、志愿者以及村民们的共同帮助下,逝者于当日安葬,没办一桌酒席……

用宣传为防控疫情聚力鼓劲

始终奋战在防控一线,昌溪乡和各村的干部群众虽极度疲惫,但没有丝毫懈怠。看着眼前一幕幕防控疫情感人至深的情景,置身防控阻击战一线的吴清健发挥了自己曾在《黄山日报》社从事新闻工作的写作优势,一方面指导乡里干部积极采写新闻,多篇稿件刊载于《黄山日报》《黄山日报》客户端、黄山新闻网以及歙县政府网等;一方面通过深入采访，自己动手撰写了2600字的新闻通讯《“歙南第一村”新冠疫情防控阻击战》，并对外投稿，很快被《安徽日报·安徽新闻网》、《中新社·中新网》刊登；他为昌溪乡采写的通讯《舍小家为大家、基层纪检干部奋战在防“疫”一线》、《村医抗“疫”在一线》和《驰援武汉显身手、不忘家乡献爱心》也被多家省级媒体采纳刊登。一篇篇生动感人的新闻通讯，让人们从报道中看到了在党的领导下，面对形势十分严峻的新冠肺炎疫情，农村基层的乡村干部们、特别是广大党员和志愿者，还有与他们并肩奋战的扶贫工作者们，团结一心，不畏艰险，奋勇当先的那份护家爱国的责任与担当，大大增强了全乡人民坚决打赢新冠肺炎疫情防控阻击战的坚定必胜的信心！

(八十九)
吴宁国:走出大山的企业家转身成为村里抗疫先锋

3月4日 晴

自从年关回到村里后,吴宁国没想到这一返乡就待了三十多天。新冠疫情,让这位在江苏泗阳投资近亿元的企业家也不得不暂时滞留在农村家中。然而,作为一名党员,作为一名万二村在外创业的成功人士,在新冠疫情防控期间,他又转身成为了一名村里冲在抗疫一线最前面的战士!

今年50岁的吴宁国是万二村白云组的党员。他不到20岁就外出打工,靠着为人的厚道和艰苦打拼,近30年里,从浙江湖州到上海再到江苏泗阳,从一个工地上的负责人,成为房产建筑公司的经理。近30年的离乡创业,无论是顺境还是逆境,吴宁国的心里一直装着家乡,一直关注着家乡的父老乡亲,经常为家乡做些力所能及的事。他不仅先后带出去了一百多位村民外出务工,还多次捐资计20万元为村里修桥补路，广受村民称赞！

我与吴宁国最初认识是在刚到村里扶贫后的第一次村里七一党员会议上。他提前一天回到村里，开会那天便早早来到村委会与村干们一起打扫会场卫生；开会时，我注意到他一直时很认真地听着，从不走神。而从他始终透出的温和的眼神，就能看出他是个厚道的人。从村总支书记吴献华那里，我对吴宁国有了一些了解，了解到他这么多年一直心系桑梓，慷慨解囊，造福乡亲。2017 年 10 月，他又拿出 1 万多元，为万二村昌前组买来 10 多只新型太阳能路灯；看到昌溪村进万二村的村道不仅狭窄且弯道很多，给村里人以及到万二去的游客驾车带来隐患，他就在 2018 年买来了五六个凸镜并请人全部安装好……而他每次所做的奉献，都是默默的，从不对外声张。2019 年，他获得"昌溪好人"称号。

今年新冠疫情来势凶猛，防控任务十分艰巨，而其中防控的最重要的物资口罩奇缺，本地所有药店全部无货，这让乡党委政府焦急万分。得悉此情，吴宁国通过其在江苏新沂的影响力和朋友关系，几天时间就募集到 1000 只口罩捐献给乡政府，为全乡新冠疫情的防控提供了极大的帮助！

疫情防控的紧要关头，他第一个向万二村党总支递交了请战书，第一个加入万二村疫情防控应急先锋队。他听从村党总支安排，随叫随到，参与万二村口疫情防控关卡的值班防守，同时主动申请加入乡里的主干道路的夜间防控值班。多少个寒风凛冽的晚上，他与乡村干部一起，为防控疫情严防死守，用他那宽厚结实的身躯和一个党员的忠诚，为村民们构筑起了安全的防护屏障。他的抗疫事迹，在歙县先锋网上播出。

记得一天晚上,我跟吴宁国一起参加夜班值守,他告诉我:"江苏泗阳那边打了几次电话,一直催我早点回去,我一直推脱了,我的家乡这时候需要我,我能为家乡父老乡亲多值守一天我的心里就觉得特别的满足和踏实……"

话语朴素,却感人至深!

(九十)
分外忙碌的一天

4月9日　晴

驻村工作近3年来,除了搞好扶贫工作外,日常的来人接待我基本都要参加,有时一天要陪人在村里上上下下跑三四趟,对我这个快到退休年纪,又患高血压,又有严重膝关节炎的人来说,的确是个很吃力的事。可是,每当来了考察调研的人,我兴奋的神经总会被迅速调动起来,全然忘却了身上的这些疾病。这不?今天又是一个让我十分忙碌的一天,但“忙,累,并快乐着”!

上午,我在《黄山日报》工作时的总编,现任黄山市摄影产业领导小组常务副组长、市政协副主席胡宁来万二村拍摄扶贫工作队队长与贫困户的肖像。这是他正在计划拍摄脱贫攻坚系列摄影之一,拍摄完毕后将集结成册,并作为我市脱贫攻坚重要纪实摄影之一。这是他第3次专程来“徽州布达拉宫”石头山寨万二村拍摄宣传。自2017年下半年第一次来到万二后,他被这个风貌独特的石头山寨深深吸引,拍摄了大量的万二村这个中国传统村落照片,在市内外众多新闻媒体和摄影杂志上刊登,对外宣传推介万二村,让更多的海内外摄影爱好者和广大游客了解万二村,关注万二村,起到了有力的推动作用。他还在多个场合向广大的摄影爱好者极力推荐万二村这个与众不同的特色村庄,使这个"黄山市百佳摄影点"成为众多广大摄影专业人士和摄影爱好者钟情向往的地方。

这边在忙着接待市政协胡宁副主席,那边又来了安徽远山影业公司电影摄制组一行,今天他们再次来到昌溪乡,为以"徽州布达拉宫"石头山寨万二村为背景的电影故事片《猎赝》(原名《万二古村》)做拍摄前的最后准备,同时对拍摄机位做最后的选定。据悉,该片已上报国家广电总局并得到批复,电影时长为 90 分钟,拍摄完成后,将正式在院线上映。

上午的接待一直忙到中午,吃罢中饭不久,黄山市城市建设设计院院长、中国传统村落专家陈继腾应万二村扶贫工作队邀请前来万二村,为万二村"黄山市百佳摄影点"的选址和摄影点的规划设计进行现场勘察。陈继腾作为我市美丽乡村建设方面的专家,近年来多次来到万二村,对万二村中国传统村落申报成功以及传统村落发展的设计规划,倾注了心血和汗水。该设计院表示,将无偿地为万二村"黄山市百佳摄影点"进行设计,以助推万二村脱贫攻坚、推动万二村摄影发展和未来的乡村振兴!

（九十一）
联系学生把村里茶叶卖到省城

4 月 15 日　晴

今天上午到万二村昌前组村民吴成荣的茶叶加工厂看看，了解今年的茶叶收购及销售情况。吴成荣是万二村从事了几十年茶叶加工销售的能人，每年，万二村老百姓的茶叶大约有三四万斤要从他这里销出。

由于天气持续低温寒冷，加上疫情的影响，今年的茶叶在产量和价格上，较去年均有下降，这对我们万二村这个以茶叶为主要特色产业的村子来说，村里的百姓在这块收入上或多或少会受到一些影响。

鉴于此，我想到了 30 多年前在屯溪一中任教时所带的学生锁虹，她现在在合肥大蜀山茶城开了一家谢裕大茶庄，能不能让她帮助销售万二的茶叶？于是，我当场打了她电话，电话里听了我的一番话后，锁虹同学很爽快地答应了，说：“吴老师，放心吧，没问题，你让他们尽快把茶叶样品以及标价发过来看看。"接着她又说:"我们谢裕大茶庄是以销售中高档茶为主,今年时间可能迟了点,明年我们早点联系,可把万二村的早茶多销售一点,那时的价格也比较好。"

在跟锁虹同学的通话中,我问她能不能明年在茶园开采前,跟吴成荣签订一个高档茶销售的协议,其中可否明确吴成荣须以当时高于当地其他收购者的价格收购万二村民的茶叶,特别是贫困村民的鲜叶,以提高万二村民茶叶的收入。对此项要求,锁虹同学二话没说,回答道:"你们那边尽管多让些利给老百姓,我这里积极配合你们销售就行!"听到昔日学生的承诺,我打心里高兴,也期盼明年早茶开采时,她在省城的谢裕大茶叶店能为万二村民多销售一些高档的茶叶,能让这里的村民、特别是贫困村民通过茶季收入最高的早茶的销售,卖个比往年更好的价钱,实实在在增加他们的收入。

我的学生锁虹曾在两年前,和我当年带的班级的同学们一起来到万二村,看望我这个当年的班主任老师,并同时开展扶贫活动,走访了几户贫困户。在万二村逗留期间,他们深感这里的农民还并不富裕,还需要外界更多的支持和帮扶,才能让他们早日摆脱贫困走向富裕。今天,她对帮助销售万二村茶叶的承诺,就是对贫困村的关注和支持。我从内心里谢谢我这位当年的学生的这份善心和爱心!

（九十二）
万二迎喜讯：
国家将统一挂牌保护“中国传统村落”

5 月 14 日　阴雨

今天看到有关信息，这对我们万二村来说是件喜事：国务院有关部门 5 月 11 日公布了国家将对“中国传统村落”统一制作保护标识，并在所有传统村落安置或悬挂。此举表明，对“中国传统村落”的保护已直接上升到了国家层面。

“中国传统村落”就是国家级的金字招牌，各地有责任和义务努力将其打造成亮丽的“名片”，那么，之于万二村的干部和群众来说，在欣喜后，也需要体会到今后在保护发展过程中的责任与重担。的确，“中国传统村落”得来不易，要在未来保护与发展中使其发挥出更大的社会和经济效益，也并非一件轻松的事儿。

2019 年，昌溪乡的昌溪村、万二村的万二中心村、关山自然村获得了“中国传统村落”称号！近 3 年来，万二村扶贫工作队和村“两委”

坚定不移地走旅游扶贫道路,让昔日"锁在深山人未识"的"徽州布达拉宫"石头山寨大步走向了山外世界,成为远近闻名的"网红村"。2019 年,前来万二村的游客近万人;今年五一期间,尽管受到之前疫情的影响,来万二村旅游观光的游客仍有 3000 人左右。万二村去年还成为黄山市 16 个旅游扶贫重点村之一,今年又被歙县列为全县两个旅游扶贫示范村之一并将重点投入资金改善景点!我们坚信,随着万二村招商引资实现突破和中国传统村落专项资金的投入,"特色景观村落休闲游+龙王尖 27 烈士激战现场红色旅游+万二村千亩农业经果林产业基地",在不久的明天,万二村广大村民一定能够踏上一条致富奔小康的乡村振兴大道!

（九十三）
省委政研室调研组来万二 专题调研闲置农房的盘活与利用

5 月 27 日　晴

根据省领导的指示精神，今天，省委政研室调研三处副处长邓楠楠率省委政研室和省农业农村厅有关人员来到歙县昌溪乡万二村，就万二村在发展乡村旅游中盘活农村闲置住宅（宅基地）的做法、模式开展专题调研。副县长江成永等陪同调研。

万二村自从 2017 年扶贫工作队驻村工作后，坚持走旅游扶贫的精准扶贫之路，并通过美丽乡村奖补资金，以万二村村集体名义，收购了村里的 8 幢闲置民宅。今年伊始，村里请来在民宅修复方面有经验的人，对 8 幢民宅进行了抢救性修复，目前已全部修复完毕。

省委政研室专题调研组一行在听取万二村扶贫工作队因地制宜，利用石头山寨独特景观优势，带领村民大打“徽州布达拉宫”品牌，努力走出一条旅游扶贫乡村振兴之路的情况介绍，并实地察看了万二村通过美丽乡村奖补资金收购以及修缮的 8 幢民宅。调研组一行为万二村的独特景观村落所震撼,赞叹万二先民们的智慧与毅力!

在深入已收购的民宅调研中,调研组一行向乡、村两级负责人详细讯问了民宅的收购以及对外招商引资情况,特别指出了收购后的民宅今后的对外承包经营,一定要注重考虑处理好村民、村集体与承包人三者的利益关系,这样才能实现"双赢"和长远稳定的发展。

调研组一行还察看了由扶贫资金打造、并被河南一二山行生态农业发展有限公司承包经营的万二村农家乐接待中心。

据悉,这次调研后,调研组将结合全县闲置农房收购和利用情况,形成调研报告,为开展省级盘活农村闲置住宅(宅基地)试点示范以及如何提供有关政策支持,向省委省政府提供决策参考。

（九十四）
让盘活闲置农房
成为助力乡村旅游发展的新“引擎”

5 月 28 日　晴

昨晚 11 时左右，收到乡党委书记发来的信息，说是刚刚结束对万二村闲置农房收购与利用情况专题调研的省委政研室调研组要求，万二村尽快形成一份这方面的典型案例材料，明天就交给调研组，时间很紧，让我连夜加班完成。虽是很迟了，但考虑到此次高层次调研对万二村今后推动乡村旅游发展，是一次重大的机遇，这个典型案例材料必须要搞好。于是，当晚我就开始了思考并认真撰写，直至天快亮才完成了这项任务。文章如下：

让盘活闲置农房成为助推乡村旅游发展新“引擎”

——歙县昌溪乡万二村盘活利用闲置农房的探索与实践

歙县昌溪乡万二村是省级贫困村。近 3 年来，在脱贫攻坚中，该村因地制宜,利用石头山寨的独特村貌,努力闯出旅游脱贫的乡村振兴之路。在推进旅游脱贫过程中,该村把盘活闲置农房作为旅游脱贫和实施乡村振兴战略的重要任务,进行了积极探索和努力,取得了初步成效,并展示出了美好前景。

"唤醒"闲置农房发展乡村旅游正当其时

万二村地处歙南深山腹地,辖万二、朝阳、关山、茆山、汪村、石际、白云、昌前8个自然村,有建档立卡贫困户81户、244人,2017年实现整村出列,2019年最后一户贫困户实现脱贫。

万二村以山地为主,长期以来沿袭着几百年的传统种植业茶叶种植为主导产业,几乎没有其他新兴产业。万二村要实现"农业强、农村美、农民富",必须因地制宜,闯出一条特色产业的新路子,让广大村民,特别是贫困村民能够真正实现长期稳定地摆脱贫困并逐步走向富裕。2017年,省第七批扶贫工作队入驻万二村后,充分挖掘这座有着400多年历史的徽州山地传统村落的旅游价值,并根据其数百年来依山就势、在层层叠叠的高高石塝上造出的200多幢徽派民居,貌似西藏布达拉宫,于是对外高高举起"徽州布达拉宫"旅游品牌,使这个昔日名不见经传的小山村,很快走出大山,成为远近闻名的"网红村"。继2017年万二村获得"安徽省美丽乡村"后,2019年万二村的万二、关山村又双双获得"中国传统村落"称号,去年来万二村的游客突破1万人,村集体经济收入突破10万元。这座被新华社赞誉为"徽州最后的原生态村落"以其独特石头山寨村貌和历史的原真性,吸引了北京大学原校长王恩哥，中国人民大学艺术学院院长、文化部艺术小镇委员会主任丁方和清华大学建筑学院教授单德启的高度关注和重视，并前来考察调研；中国台湾游客、法国游客等也纷至沓来。

然而，在发展乡村旅游中，万二村面临着一个现实问题：一方面这里山多地少，寸土寸金，几乎没有更多的地块来打造旅游接待住房；另一方面，该村存量民宅近200幢，现绝大部分都因为原住户外迁或长期外出务工等各种原因而长期闲置。一些无人居住的空置老宅，在长期得不到修复的情况下，每况愈下，存在倒塌隐患；再者，一些空置的老宅多是清代和民国时期的建筑，有着历史的价值，一旦倒塌，将不可再生。如何"唤醒"这些长期"沉睡"的农房老宅让其在乡村旅游中重换生机，摆在了乡、村二级政府面前。

2019年，在县委县政府《关于盘活闲置农房（宅基地）促进富民强村的实施意见》文件精神指导下，昌溪乡党委政府决定，利用拨付给万二村"安徽省美丽乡村"建设奖补资金50万元，启动对乡村闲置农房的收购和抢救性修缮。

回收闲置农房需尊重村民意愿稳妥推进

回收闲置农房，涉及法律法规和农民意愿的问题。为此，乡党委政府及时向万二村村委会提供关于回收利用闲置农房（宅基地）的法律法规依据；万二村则分别召开村委会和村民代表大会，广泛听取村民意见和建议，并进行发动，让村民在此过程中发挥主体作用。同时，指派村里熟悉闲置老宅住户家庭情况的村委会干部具体落实收购事宜。

由于万二村地处深山,可用地极少,历史上,许多房屋都是家族兄弟一起出钱出力共同打造,并共同居住一起生活,称为"众屋"。如今,这些房屋的主人们大都外出谋生置业,四处分散。为确保老宅所有家庭成员一致同意,负责收购老宅的村干部不辞辛苦前往外地,上门征求意见并签署有关协议。经过半年多的努力,万二村成功收购闲置农房12幢涉及70多人,无一例法律和民事纠纷发生。一位房屋被收购的村民说:"老家的房子空着也是空着,再不修缮维护,用不了多少年就会倒塌的;被收去后用来发展家乡的旅游,房子还在,以后还可以回老屋看看。真是件好事!"

盘活闲置农房成为助推旅游发展、壮大集体经济的新"引擎"

万二村以万二村经济合作社作为经济主体,对全村12幢有利用价值、无民事纠纷的农房老宅收购后,随即利用安徽省美丽乡村建设奖补资金,完成了对其中的11幢老宅进行抢救性的修缮保护。与此同时,乡党委政府通过各种途径,积极主动对外推介招商,以期尽快实现对外租赁经营。经与河南一企业家的反复协商,终于达成了闲置农房的流转收购意向,12幢农房及村集体闲置的旅游接待中心1幢,以每年不低于7万元并每5年递增10%的租金给这位河南企业家在黄山成立的一二山行生态农业发展公司承包经营,用于发展乡村民宿及餐饮接待。目前,乡村旅游接待中心已正式承包经营;其余的12幢农房正在通过有关程序实施长期租赁经营开发民宿。据这位有情怀、有实力的企业家称:“将借鉴浙江等外地成熟民宿旅游发展的经营经验,对租赁的老宅在不破坏外立面的前提下,对内部进行高端设计,精品打造,每幢老宅拟投入近百万元,争取把万二村的民宿打造成黄山市的民宿精品,打造成叫响全国的品牌!”

审时度势,抢抓机遇,积极主动,万二村在一年的时间里,通过市场化运作,完成了一定数量的闲置农房收购,并已经或即将实现对外承包经营,将由此不断壮大村集体经济收入,实现村民、村集体、外来投资商“三位一体”的互利共赢。闲置农房的收购并对外承包经营,让农房变成客房,真正保留了老宅,留住了乡愁;开发了老宅,重焕了生机。更重要的是,有情怀、有实力的外来投资商的进驻,将从根本上解决当下发展乡村旅游中的资金“瓶颈”难题,并通过开发商们对承包的农房老宅通过专业化的市场营销,把乡村旅游迅速带入“快车道”。闲置农房的民宿旅游必将在乡村旅游发展和乡村振兴中发挥出积极作用。

（九十五）
市委党校毛教授调研万二，理论助力脱贫攻坚

6月3日 雨

经过前几天的调研，市委党校毛新红副教授撰写的调研报告《实现产业发展、决胜脱贫攻坚——以万二村特色产业发展新突破为例》，在今日《黄山日报》理论版刊出。在下午的电话中，她告诉我，万二村3年来因地制宜，充分利用好石头山寨独特景观村落优势，坚持走旅游扶贫的精准扶贫之路，其实践与探索之路非常值得去总结，为此，她还打算以万二村脱贫攻坚为例，向省委党校申报今年的课题，并将再做更深入的调研，将于今年年末参加全省党校课题比赛。由衷地感谢毛教授对万二村脱贫攻坚的关注和给予理论上的研究与支持。

以下是毛新红在《黄山日报》理论版上刊出的文章——

实现产业发展 决胜脱贫攻坚

——以万二村特色产业发展新突破为例

毛新红

内容提要:今年是脱贫攻坚收官之年,习近平总书记在3月6日决战决胜脱贫攻坚座谈会上强调指出,决战决胜脱贫攻坚"要加大产业扶贫力度"。歙县昌溪万二村闯出的一条产业发展突破之路值得借鉴学习

◎实现产业发展突破,广大基层干部责任担当和人民情怀是前提

◎实现产业发展突破,创新工作思路,寻求特色产业发展之路是首要任务

◎实现产业发展突破,决不能松劲懈怠,坚持可持续发展是决战决胜脱贫攻坚的长期保障

今年是脱贫攻坚收官之年,习近平总书记在3月6日决战决胜脱贫攻坚座谈会上强调指出,决战决胜脱贫攻坚"要加大产业扶贫力度"。歙县昌溪万二村闯出的一条产业发展突破之路值得借鉴学习。

实现产业发展突破,广大基层干部责任担当和人民情怀是前提。习近平总书记强调指出,"脱贫攻坚越到最后越要加强和改善党的领导。各级党委(党组)一定要履职尽责、不辱使命。"中国社会科学院社会发展战略研究院、中国社会科学院国家治理研究智库助理研究员马峰在谈到脱贫攻坚取得前所未有成就的原因时表示,"脱贫攻坚成就的取得离不开基层党员干部和基层工作者的奉献付出"。万二村党

总支第一书记、扶贫工作队队长吴清健在2017年5月开始驻村时就满怀责任担当和人民情怀写到:"我们这批85名选派的副处级干部,都是以强烈的政治意识和责任担当,充满自信地接受了省第七批扶贫工作队工作任务,能够加入新中国历史上具有划时代意义的扶贫攻坚队伍,成为其中的一员,是我们的幸运。请组织放心,我们将不辱使命,坚定地走下去。"驻村"第一书记"这一担当奋斗奉献的光荣群体,下沉到最基层,把自己"融入了""掰开了""揉碎了",决战在脱贫攻坚的第一线,为脱贫攻坚作出了巨大的贡献,同时也打下了坚实的群众基础。

实现产业发展突破,创新工作思路,寻求特色产业发展之路是首要任务。发展是解决我国一切问题的基础和关键,而发展扶贫产业是实施脱贫攻坚的关键所在。只有通过做大做强做优扶贫产业,才能提升贫困地区造血功能,才能带动贫困群众劳动致富,真正实现农民人均可支配收入增长。吴清健书记到万二村伊始,就把寻求特色产业发展作为决胜本村脱贫攻坚的首要关键点。万二村主要生产茶叶,全村八成劳动力在外务工,发展一产、二产困难很大,发展三产,利用旅游资源走特色旅游之路,带领百姓致富是重要选择。为此,他以曾经是资深新闻工作者的敏锐眼光,以黄山发展特色旅游产业的专业思考,一有空闲就独自在村里不断走,不断看,不断大胆设想。终于,有着400多年历史的徽州山地古村落石头山寨万二,以其整体村落磅礴的气势、浑然天成的形貌引发了吴清健为万二村实现产业发展寻找的突破点,燃爆点——"万二村就是徽州的布达拉宫",这一大胆创新设想一经提出,引致无数学者、旅游者和领导干部的到访,每位初识者具皆为之震撼。清华大学建筑学院教授、中国传统民居和当代乡土聚落、风景旅游建筑、小城镇建设方面专家单德启考察万二，赞为“奇、绝、文”。由此，万二村开启了以其独特的差异性资源禀赋为支撑的原生态村落体验、民宿休闲、摄影写生等多元化的乡村旅游，闯出了一条旅游扶贫乡村振兴之路，为万二村决战决胜脱贫攻坚，实现农民人均可支配收入的提高提供了坚实有力的保障。

实现产业发展突破，决不能松劲懈怠，坚持可持续发展是决战决胜脱贫攻坚的长期保障。习近平总书记强调，“脱贫攻坚战不是轻轻松松一冲锋就能打赢的，从决定性成就到全面胜利，面临的困难和挑战依然艰巨，决不能松劲懈怠。”万二村差异化资源禀赋旅游产业定位后，重点是如何推介出去以及未来能得到持续发展与繁荣。为此，吴清健书记没有懈怠，不断加大对外宣传力度，先后在《黄山日报》、黄山市政府网、《乡村干部报》、今日头条、《安徽日报》、新华社·安徽频道、中新社·安徽网以及人民日报·人民数字等媒体，全面力推万二“石头村”；2018 年 9 月下旬，《黄山日报社》全媒体采访团一行 6 人来到万二集中采访万二村走旅游扶贫乡村振兴之路的做法，并于 10 月 4 日《黄山日报》二版大半个版集中刊登。黄山电视台《家园》栏目摄制组到万二拍摄专题片《石头山寨万二村》。安徽远杉影视公司编剧并将拍摄的电影《猎赝》（原名《万二古村》）也即将在万二村开机拍摄。扶贫工作队还请来了本市十多位社科界专家来万二考察，为万二村发展乡村旅游“把脉问诊”。三年时间里，万二村已获得“黄山市百佳摄影点”“黄山市卫生村”称号；在顺利通过“安徽省美丽乡村”验收后，2019 年初，万二村的万二中心村和关山村双双获得“中国传统村落”

这一国家级的金字招牌。万二村还被市委组织部和市委党校确定为市委党校现场教学点,目前已有2批党校学员到万二村开展现场教学活动。

习近平总书记指出:"到2020年现行标准下的农村贫困人口全部脱贫,是党中央向全国人民作出的郑重承诺,必须如期实现。"今年是脱贫攻坚收官之年,时间紧、任务重,作为脱贫攻坚政策的具体执行者,特别是基层党员干部仍不能有半点麻痹大意,在最后关头,要以永恒忠诚担当、不断创新突破和奋斗永不懈怠的精神力量啃硬骨头,确保以实实在在的成绩打赢脱贫攻坚战。

（九十六）
组织上让我整理扶贫日记出本书

6月5日 阴

上午，县委组织部选派办主任周福财给我打电话，说是他手中有一本湖南人民出版社出版的《一个扶贫队长的日记》，受到启发，想让我也从驻村3年来的扶贫日记集中整理一些出来，也出一本日记汇编，供选派帮扶干部交流借鉴。

接到电话后，我真的有点诚惶诚恐，这么多扶贫工作队队长，唯选中我来出书，这是我的荣幸，但实在是怕整理不出那么多值得一读的日记。周主任曾在一年前，把我的扶贫工作队队长日记调过去看过，对我写的日记表示满意，并在几次全县选派工作会议上都对我认真写的驻村扶贫日记给予表扬。但这一次涉及正式出书，我心里还是没有底，很吃不准。

就在我犹豫之中，哪知道中午时分，他又来到万二村，亲自把那本湖南人民出版社出版的日记,送到我手上,让我做参考,并鼓励我好好整理出来,争取在今年 10 月 17 日全国扶贫日之前把书出出来。午饭时,他又跟昌溪乡党委书记吴开秋说了此事,希望乡党委政府予以大力支持。真是盛情难却!

的确,我自 2017 年 5 月正式入驻万二村开展扶贫以来,每天都坚持在晚上写日记,碰到重要的事儿就写得详细一点,有时还写一些感想。我原来曾想过,自参加工作以来,我最喜欢最钟情的两个工作单位,一个是黄山日报社,一个就是我现在开展扶贫的万二村。因为喜欢,就认真,就投入,且倾注了一种情怀与精力去干,也每每有些收获。在报社从事记者、编辑 18 年间,由于自身的刻苦努力,早在 1999 年 12 月,当时 37 岁的我便获得了国家新闻序列主任编辑职称(副高职称),并于 2003 年 4 月任报社副总编。自我在 3 年前驻村扶贫以来,我带领我的扶贫工作队和万二村"两委"以"咬定青山不放松"的心志,把一个原本名不见经传的"藏在深山人未识"的小山村万二,通过力推"徽州布达拉宫"旅游品牌,使其一举成为了远近闻名的"网红村"。我本想在退休之后把报社 10 多年所写的两三千篇新闻稿件中选出一些来,与万二村的驻村日记共同结合起来,出一本书,算是对一生工作的一个总结或纪念。然而却没想到,今天歙县县委组织部要让我尽快把在万二村扶贫的日记整理出来。恭敬不如从命,我只能按要求去尽力整理好。

（九十七）
赴“绿水青山就是金山银山”理论起源地安吉考察培训

6月11日 晴

今天是我们歙县第七批选派扶贫干部到浙江安吉培训的第一天。听了两堂课，现场参观学习了一处全国首个家庭农场集聚区和示范区，也即以发展产业来促进美丽乡村建设的示范点。

上午的课是浙江大学著名教授、全国“三农”专家沈老师为我们上的《推进乡村产业集群、促进农业精准扶贫》专题讲座，本以为这样的课无非就是找出全国和浙江的一些例子来阐述脱贫攻坚中的产业发展的意义。但让大家出乎意料的是，沈教授的课，从认识大农业、到发展乡村产业的意义、再到加快乡村产业发展的对策思考展开的，他是从全球农业产业发展趋势来开阔我们的视野，又具体到浙江全省以及安吉这几年农业产业发展的历程来阐述加快发展乡村产业的意义，两个钟头随时都是信手拈来的生动例子和幽默诙谐的话语，几十次笑声满堂,让学员们领略了一次"双一流"大学的著名教授的授课风采!

由于我最近一直在网络上看全国网红教授、原浙江大学党委副书记郑强在全国各大院校的精彩演讲,让我对浙江大学在全国高校的地位有了新的认识!故而课间休息时我跟沈教授谈到网红教授郑强,谁知直爽幽默的沈教授用浓浓的浙江普通话脱口而出:"郑强教授每年学生给他打10分,学生给我打的也是10分的哎!"我听后肃然起敬!记得2014年我在市委党校县干班学习,学员们赴清华大学进修了一周,听了不少名师的课,现在想来还真是没有几个有今天沈老师讲得这么生动吸引人,更何况还是讲农业产业发展课题。真是不虚此"听"!

下午,我们来到位于安吉县的鲁家村,这里原本是一个不起眼的小村庄,没有任何让人看得中的资源,但这个村为壮大集体经济和富裕村民,开始着眼于产业发展,通过招商引资,以"村集体+外来公司+家庭农场"的模式,并"无中生有"地搞起了"阿鲁阿家"号小火车,用其串起了鲁家村的18家农场,开启了全国首个家庭农场集聚区和示范区的打造运营!

几年来,通过市场化运作,引进工商资本20亿元。村集体经济收入从2011年的1.8万元,到2017年猛增至330万元,村民人均收入也从2011年的19500元,到2017年大幅增至35600元。如今的鲁家村获得了全国首批国家田园综合体试点项目;首批国家农村产业融合发展示范园和全国"十佳"小康村。鲁家村成为了安吉实践习近平总书记"两山"理论的典型和样板!为了亲自体验鲁家村的发展成果,我们大家体验了红色车身、带有欧洲风情的小火车……

随后，我们在鲁家学院听取了鲁家村总支委员、村委会主任裘丽琴对鲁家村发展的介绍。现身说法，很接地气，她最后的感悟更是让我们全体学员深有感触：一个村要发展必须要有一个好的带头人；干部就是要干，为村民百姓干事情，无论大事小事，否则任何事都成不了！这位优秀的村长最后说："正是干了这些成绩，才得到了上面的肯定，去年国庆 70 周年，我应邀参加了天安门广场的彩车大游行，站在'振兴号'彩车上，接受党和国家领导人检阅！"听到这里，台下学员一片掌声……

（九十八）在急病恐惧笼罩中坚持办完创作基地挂牌活动

7月18日 晴

今天上午，"歙县教育书画研究会万二村创作基地揭牌仪式及文化扶贫活动"在"徽州布达拉宫"石头山寨万二村举行。这是继"上海师范大学天华学院与万二村共创旅游扶贫合作基地"、安徽省行知学校在万二村创办"职教精准扶贫"基地后的又一次特色基地挂牌。

歙县教育书画研究会会长王刚、市社科联二级调研员、万二村党总支第一书记、扶贫工作队队长为创作基地揭牌。

安徽省省级贫困村万二村，以其独特村貌的资源禀赋，成为发展旅游大有潜力的地方。目前万二村已是"安徽省美丽乡村中心村""黄山市百佳摄影点""黄山市16个旅游扶贫重点村"之一、"黄山市委党校现场教学点"，去年万二村的万二、关山双双获得"中国传统村落"称号。依托石头山寨原生态资源，大打"徽州布达拉宫"旅游品牌，万二村去年境内外游客突破1万人。昔日名不见经传的小山村正成为远近闻名的“网红村”，并将在乡村振兴之路上走向“诗和远方”！近年来，万二村越来越成为广大美术创作者心仪之地，美术界人士和书法界人士钟情于万二村落的层层叠叠、错落有致、有着独特审美意趣和创作素材！几年来，安徽省美术家协会、上海市浦东油画院、江苏南通美术家协会等都纷纷组团来万二写生创作。他们的到来，通过手中的丹青妙笔，绘出了美妙神奇的万二，并通过各种画展广泛向社会宣传推介了万二，不断扩大了万二村的对外影响力和美誉度！

今天万二村创作基地的挂牌，必将会带动全县、全市美术书法界人士更多地涌来万二，艺术家们的神奇妙笔一定会绘出美丽万二、神韵万二！

虽是万二村的又一件喜事，但之于我来说，却有着十分难言的苦楚：由于几天前的全程无痛血尿，我到市医院泌尿外科检查，就在昨天我拿到了尿液细胞检查报告，报告中提示“找到可疑癌细胞”，这对我的打击无疑是致命的！但合作基地挂牌仪式，之前一直都是与我联系，由我来具体落实操办的。虽心理笼罩着巨大阴影，“找到可疑癌细胞”让我的内心几近崩溃，但我没有告诉任何人，而是默默承受着、强忍着内心的巨大压力，坚持着把这项活动圆满办好，然后拖着极度虚弱的身子悄悄地离开万二村，去市医院做进一步检查治疗……

(九十九)
一场急病让我体会到:扶贫工作者也是获得社会尊重的“逆行者”

7 月 23 日 晴

最近一段时间,也不知咋地,人一直提不起精神,吃饭也较以往差了不少。直到一天凌晨,当我忙好手头工作后,一上厕所,忽地发现尿液呈粉红色、且全程无痛。我顿时心里一惊,背脊直发寒。从我掌握的大众健康常识告诉我,问题很严重——它像极了膀胱癌的特征。

几乎一夜未眠,伴随着窗外的大雨。凌晨时分,我起床后默默而茫然地整理起衣物,也许我这次回去看病,会很久回不来了。时节虽是盛夏,我把秋天的衣裤都理了出来准备带回去。于深夜凌晨,带着无奈乃至凄然的心情默默整理衣物,这样的情形,我这是第二次了。第一次是两年前的 9 月,我 87 岁高龄的父亲重病胃部大出血昏迷,医生第二次下达了病危通知书。由于扶贫工作需要,我一直在乡下,妻子半夜给我打电话,说医生说恐怕有大危险,让家属做好心理准备。

那时，也是晚上近 12 点，太迟了，只能第二天搭早班车赶回去。那时我的脑子像空了一样，一人默默地准备着素色衣裤，以备不时之用。

第二天下午，我在加快完成手头工作后，随即向歙县昌溪乡党委书记和万二村“两委”负责人请假。

回去当天晚上，我依然心情沉重，尽管妻子一再安慰我。次日，妻子陪我去了黄山市人民医院，挂了泌尿外科门诊。候诊期间，我打通了我的朋友、市医院章院长的电话。他一接电话就说了一通：“你还在乡下扶贫吧，什么时候结束，你下去搞的那个‘徽州布达拉宫’石头村外面影响很大啊！”可话题一转，当我说起我自己全程无痛血尿时，他电话那边大吃一惊，反复说道：“这个要重视，这个要重视！”还没挂电话，他就用手机给 B 超科室打电话。一会儿，他跟我说：“说好了，你去 B 超科找陈主任，我跟他说了，你们扶贫干部在下面很辛苦，不容易，一定要帮你好好查查！门诊看好后你马上过去。”

揣着忐忑不安的心在 B 超室找到陈主任。在仔细检查我的泌尿系统时，陈主任微笑着跟我聊起我扶贫的万二村，他居然也知道“徽州布达拉宫”，说有好多朋友去过说那里很特别、有看头。他又跟我慢声细语地聊起了扶贫，问我农村扶贫难不难，下去干些什么，山里的村民工作是不是好做？还说最近看了电视剧，也是讲扶贫的。之后他慨叹道：“你们下去扶贫真是不容易，要向你们学习啊！”陈医生的话，让我恐惧的心慢慢释然了些。我忽地联想到，今年的新冠疫情防控，全国广大的医务工作者，为了防治疫情，毅然不顾生命安危，走向疫情重灾区，被全国人民尊称为“逆行者”；而我们这批下派的驻村扶贫工作者，响应党的号召，在大家纷纷向往城市幸福生活时，毅然告别亲人，从城市走向山区贫困村，开展艰辛的脱贫攻坚工作，一干就是整整3年，不同样也是“逆行者”吗？B超检查的时间很快过去了，我紧张地问医生情况怎么样？陈医生说还好啊，没有发现什么特别的东西。此刻，压在我心里的一块“大石头”仿佛一下给搬掉了！

告别了陈医生，走出就诊大楼，迎着梅雨季节雨后的灿烂阳光，我兴奋地对妻子说：“这下好了，我要回乡下去，还有好多事儿没干完呢。”

然而，好事多磨。回到家，我打通了章院长电话向他“报喜”，岂料他很认真地对我说：“你是无痛血尿，光B超一下不行，这样，我再找个专家帮你再看看，对你们扶贫干部我们一定要认真负责！”

第二天，我再次来到泌尿外科住院部，找到主任医师章主任。哪里想到，他边给我认真仔细诊断时，边同我聊起“徽州布达拉宫”万二村。真的没想到，我和我的扶贫工作队入驻万二村后，为石头山寨万二村走旅游扶贫之路，不断对外打“徽州布达拉宫”旅游牌子，竟然有那么多人知道。这对依然处在惶恐检查中的我来说，又是一次心里安慰！为了确保医治准确，不留遗憾，他让我进行了多项关键性检查。几天后拿到多项报告单，居然在尿细胞核检查中“找到了可疑癌细胞”，这下把我吓得不轻！章主任一边安慰我，一边再次针对性地让我做了更进一步地检查，终于通过增强CT追到了“可疑癌细胞”的“元凶”——藏在膀胱里的一块结石。终于排除了恶性病的可能！

在手术室全麻手术取掉结石后，躺在病床上，当从手机微信里不断看到万二村连续几天每天都有七八辆大巴满载游客专程到万二游览，最多一天居然有17辆大巴时，作为万二村扶贫工作队队长的我兴奋得再也躺不住了，在手术后的第四天，我带着体内仍需要一个月后才能取出的双支架，坐班车赶回了村里。

一场在我一生里从未有过的急病恐慌，让我在两次就诊检查和治疗中，深切体会到，我们这批为了广大农村贫困人口摆脱贫困，毫无怨言地从城市走向贫困山村的“逆行者”们的工作是十分有意义的，所做的一切工作，全社会都在关注着和关心着！决战决胜脱贫攻坚，今年到了最后的收官阶段，我们理应全力以赴，为了脱贫攻坚的完满收官做最后的冲刺！

（一百）
一天里 17 辆大巴满载游客到万二观光

7 月 29 日 晴

今年 7 月，文化和旅游部发布通知，在做好疫情防控的前提下，可恢复跨省（市、区）团队旅游。歙县昌溪乡万二村乡村旅游出现了令人罕见的"井喷"奇观！短短 20 多天时间，本地仅两三家旅行社通过大巴带来的外地游客就达 1 万多人，相当于去年全年来万二的游客总数。

最近几周时间，几乎每天都有五六辆大巴满载游客专程前来游览石头山寨，逢周末更是每天有 10 多辆大巴前来，最多一天有 17 辆大巴专程前来万二石头山寨旅游观光。面对如此火爆的旅游态势，歙县县委县政府高度重视，今年 7 月底，县旅游、交通运输部门共同到昌溪乡，与昌溪乡党委政府和万二村扶贫工作队及万二村"两委"联合召开会议，制定确保万二旅游市场安全有序和优质服务的管理办法。

万二村是省级贫困村，地处歙南深山腹地。该村是一座石头山寨，有着400多年历史的徽州传统村落，从明末开始先人们依山就势造出了200多幢徽派民居，层层街巷，纵横贯通，整个村落气势磅礴，且至今依旧保持着村庄的完整性、真实性和延续性。其村庄布局形态貌似西藏的布达拉宫，让每一位初识者为之震撼！自2017年5月以来，万二村扶贫工作队与村"两委"一道，充分利用本村"石头山寨"的独特景观村落，全力打造"徽州布达拉宫"旅游品牌，闯出了一条旅游扶贫的乡村振兴之路。如今，万二村已获得"黄山市百家摄影点""黄山市卫生村"称号；顺利通过"安徽省美丽乡村中心村"验收；2019年，万二村的万二中心村和关山村双双拿到"中国传统村落"国家级金字招牌，两个村将各获得300万元专项资金用于传统村落的规划和建设；2019年，万二村被市扶贫开发局和市文旅委列入全市16个旅游扶贫点贫困村之一，今年又被歙县扶贫开发局和歙县文旅体局列为全县两个旅游扶贫点村之一。2019年，万二村还被黄山市委组织部和市委党校共同确定为市委党校现场教学点。

如今的万二村，已经成为远近闻名的"网红村"。伴随着来万二村旅游的人越来越多，村民开始在自家办起了农家乐，目前农家乐已有三家。

万二村今后将通过由昌溪进入万二游客的"摆渡"运输、自动售货机食品销售等，为村集体带来长远稳定的收入。

(一百零一)
获得了万二村"荣誉村民"称号

9月10日　晴

今天,万二村召开村民代表大会,会上经过现场评选,一致通过了万二村驻村工作队3名队员吴清健、方筱马、吴小明为该村"荣誉村民"。

万二村是一个省级贫困村,地处歙南深山腹地,通过几年的脱贫攻坚,万二村2017年实现整村出列;2019年最后1户贫困户2人实现脱贫。

万二村有着400多年历史,从明末开始,万二村的先民从山外迁徙于此,开山取石,垒石砌塝,硬是在深山坳里,依山就势造出了两百多幢徽派民宅,气势磅礴,浑然天成!2017年,扶贫工作队入驻万二村不久,与村"两委"一道商讨并确定了利用这里特色景观村落优势开发旅游,把这个"锁在深山人未识",村貌结构布局貌似西藏布达拉宫的石头村推向山外，打响“徽州布达拉宫”旅游牌子，让这里的村民，特别是贫困村民走出一条旅游脱贫的路子，并将其作为万二村未来特色产业的突破口。

3 年来，在扶贫工作队和村“两委”共同努力下，万二村获得了“黄山市百佳摄影点”、顺利通过“安徽省美丽乡村”验收；2019 年万二村的万二中心村和关山村双双拿到“中国传统村落”国家级的金字招牌。2019 年万二村被市文旅委和市扶贫开发局确定为全市 16 个旅游扶贫重点村之一；今年，又被歙县文旅体局和扶贫开发局定为全县两个旅游扶贫重点村之一。走旅游扶贫的精准扶贫之路得到了黄山市委组织部的认可，2019 年年初，万二村被黄山市委组织部和市委党校共同确定为市委党校现场教学点。

如今的万二村，已成为远近闻名的“网红村”。2018 年，来万二的游客有 5000 人，2019 年突破 1 万人；今年 7 月，在文化和旅游部发布做好疫情防控前提下恢复跨省（市、区）团队旅游通知后，来万二的游客出现了“井喷”，短短 20 多天游客就超过了 1 万人，相当于去年全年的总人数。

走旅游扶贫的精准扶贫之路，正将万二村引向更加充满希望的“诗和远方”……

在获得“万二村荣誉村民”称号后，万二村扶贫工作队 3 位队员一致表示，在剩下有限的驻村扶贫工作时间里，再接再厉，继续担当，争取为万二村民再多办点事儿，再多做些服务。

我的万二，我的情(代后记)

我是2017年4月下旬的一天接到市委组织部通知，在短短一个小时里愉快地接受了下派贫困村任务的。转眼整整三年过去了，在万二村扶贫的日子里，我每一天或忙碌于走村入户，或在思考着贫困村今后如何发展并为之奔波努力。当然也经常不得不面对一些让你觉得十分忧心的"难缠"的村民。但每当看到村民们见到我时露出的和蔼微笑和从他们眼里流露出的对我这个市里来的扶贫队长的殷切期望，我就会忘掉苦和累，忘掉在扶贫过程中遇到的烦恼，也会一次又一次地在心里告诉自己：只要在村一天，就一定要为村里办些实事，为贫困村民脱贫多动脑筋、多想办法，让万二村能走上一条稳定的脱贫之路。

一、以咬定青山不放松的心志，因地制宜，闯出一条旅游扶贫的乡村振兴之路

万二村是一个2017年实现村出列的省级贫困村，地处黄山市歙县南乡深山腹地，辖万二、朝阳、关山、茆山、汪村、石际、白云、昌前8个自然村，有678户1652人。2014年万二村建档立卡贫困户有92户252人。通过几年的脱贫攻坚，万二村2017年实现整村出列；2019年预脱贫户1户2人实现脱贫，村集体收入突破10万元。

深山坞里的昌溪乡万二村，是一个有着四百多年历史的徽州传统村落。从明末开始，万二村的先民从山外迁徙于此，开山取石，垒石砌塝，硬是在深山坳里，依山就势造出了两百多幢徽派民宅，层层街巷纵横贯通，巧妙延伸，三四层古宅随处可见，整个村落，气势磅礴，浑然天成！3年前，当我第一次来到万二，一看到这个村落，完全被它震撼了！这是一个多么独特的村庄，不正是旅游的好地方吗？入驻万二村后，经过两周调研，我很快与村“两委”一道，商讨如何利用这特色景观村落优势开发旅游，把这个“锁在深山人未识”，貌似西藏布达拉宫的石头村推向山外，打响“徽州布达拉宫”牌子，让这里的村民，特别是贫困村民走出一条旅游脱贫的路子。并初步确定以原生态村落体验、民宿休闲、摄影写生的多元化乡村旅游，作为万二村未来特色产业的突破口，也就是走出一条旅游扶贫的乡村振兴之路！

在万二村走旅游扶贫道路过程中,有这样一件事是值得记住的,有这样一个人是值得感谢的。那是2017年11月初,我30年前大学毕业后在屯溪一中任教并带班主任时的一位学生程葆青,现任上海师范大学天华学院管理学院院长。在朋友圈看到我发出的介绍万二的图文后,她给我打来电话,说:"吴老师,看到你扶贫的万二村的照片,我们搞一个合作怎么样?""合作?合作什么?怎么合作?"第二天她就把一套合作方案搞好发给了我。从动议到正式签约也就四天时间。2017年11月4日,一个冬日阳光灿烂的日子,程葆青院长带着上海师范大学天华学院旅游管理专业的老师和上海几位驴友俱乐部负责人来到了万二村,与万二村村委会共同举行了"旅游扶贫合作签约暨共创旅游扶贫合作基地"挂牌仪式。高校与贫困村签署旅游扶贫合作协议,并共创旅游扶贫合作基地,这在黄山市尚属首创。2017年12月16日,由上海师范大学天华学院组织的旅游扶贫签约后的首个旅游团一行20人入驻万二村,正式揭开了万二村乡村旅游序幕!2018年4月,该院100名旅游管理专业的学生,在老师的带领下来到万二村开展旅游扶贫实训,对万二村就如何发展民俗休闲和"吃、住、行、游、购、娱"两大方面开展实地调研,并形成了近两百页的分项调研报告。2019年4月该院再次组织了100多位旅游管理专业的学生来到万二开展旅游扶贫。在两次百名学生的餐饮接待中,我与村"两委"做了精心安排,参与接待服务的几乎全部是村里的贫困户。贫困户们在接待服务中得到了劳务报酬,更增加了他们通过发展乡村旅游脱贫的信心!

在上海师范大学天华学院的帮助推介下,江苏省苏州星期天户外旅行社于2018年5月,组织了近50人的台湾企业界人士来到万二旅游观光，实现了万二村台湾旅游团队的首次突破；同年 11 月 6 日，同样是上海师范大学天华学院的推介，上海大学 18 位法国巴黎大学的留学交流生来万二观光考察，实现了万二村国外旅游团队的突破！

发展乡村旅游，还需要村庄的基础设施的改善。3 年来，万二村通过多渠道争取到扶贫资金和各类专项资金 600 多万元，用于基础设施、公共服务、水利建设、生态项目建设等近 20 多个建设项目。尤其是万二村乡村旅游接待中心业已竣工并对外承包，具备七八十人的就餐和近 20 人住宿的接待能力。由村集体收购的 8 幢民宅于今年全面修缮完毕，即将挂网招标经营。基础的改善与提升为今后万二村乡村旅游大发展奠定了良好基础。

万二村“藏在深闺人未识”，要走出去，一个重要的前提就是要加大对外宣传力度。我发挥了曾长期在《黄山日报》新闻一线采访的优势，近 3 年来，我先后撰写了 20 余篇宣传万二旅游扶贫的文章发表在《黄山日报》《安徽日报》《乡村干部报》《人民日报 · 人民数字》、今日头条等媒体。随着对外宣传报道，“徽州布达拉宫”石头山寨万二村一步步走出山外，被外界所了解。安徽远杉影视公司编剧并导演的电影故事片《猎赝》（原名《万二古村》）已获国家广电总局批复，即将在万二村开机拍摄。目前，万二村已获得“黄山市百佳摄影点”“黄山市卫生村”称号；顺利通过“安徽省美丽乡村”验收；2019 年初万二村的万二中心村和关山村双双拿到“中国传统村落”国家级的金字招牌。万二村还被市扶贫局和市文旅委确定为全市 16 个重点旅游扶贫村之一。走旅游扶贫的精准扶贫之路得到了黄山市委组织部的认可，2019 年年初，万二村被黄山市委组织部和市委党校共同确定为市委党校现场教学点。

曾经"锁在深山人未识"的名不见经传的小村落,而今一举成为远近闻名的"网红村"。2018 年来万二游客达 5000 人;2019 年,游客突破 1 万人。今年 7 月中旬,在新冠疫情后旅游正式恢复的短短半个月时间,石头山寨万二村旅游出现了"井喷",游客达到 6000 多人,7 月 18 日一天里,就有 17 辆大巴车满载游客到万二旅游观光,成为黄山市旅游市场的"奇观"。伴随着来万二村旅游的人越来越多,村民开始在自家办起了农家乐,目前农家乐已有 3 家。村民汪耀彬去年餐饮接待收入近 8 万元;2018 年脱贫的贫困户汪向东 2019 年 2 月办起农家乐,最多一次接待 120 人就餐,当年纯收入近 3 万元。

今年 9 月 30 日,"黄山万二乡村旅游发展有限公司"正式注册!历经 3 年的艰苦努力,"徽州布达拉宫"石头山寨万二村,将实现从独特禀赋的资源优势向旅游产品优势和经济优势的根本转化!

二、走进"难缠"村民内心世界

在扶贫过程中,几乎每个贫困村都会遇到几个动不动就不满,冲动发牢骚的村民或贫困户。如何赢得他们对你的信任,这对顺利开展扶贫工作十分重要。

2017 年深秋的一天,村里一个"难缠"的村民王友法找上门发火,说是村里一位干部未及时给他办事,他要找乡里书记,找县长,甚至说要把事情搞到网上去。面对这个极易冲动和发牢骚的村民，我和他面对面坐了下来，掏出香烟彼此一根接着一根地聊，聊天之中，我渐渐地走进了他的内心，并找到了他之所以一次又一次找村干部“发难”的根源，原来是她母亲由于前几年造“活人墓”，原先享受的低保被取消了。交谈中我还了解到他的爱人和母亲都是党员。当掌握了这些情况后，我把握了其症结所在，告诉他造“活人墓”必须拿掉低保，是政策红线，谁都不能违背。说理谈心，渐渐地感化与启发了王友法，他承认他做得不对，不该动不动就到村委会闹事，并说出了这番话：“我觉得我不如我母亲和老婆”“她们对取消低保本身就没意见”“每次激动发火，我也是蛮后悔的”……进来怒气冲冲的他，顺服地离开了村委会。

我们万二村还有一个比较“难缠的”贫困户叫王加俭，对乡、村干部和扶贫工作队一直有抵触情绪，也就是说，你怎么上门帮扶他，他都不是很满意。2018年4月的一天，我们扶贫工作队上户了解他的近况后，大家正欲打道回府，王加俭却没有让我走，留我坐下，说是要向我咨询一下发展农家乐事情，他说他家在万二村村委会旁边有个老屋，很想搞个民宿，并反复问我究竟行不行？我从三个方面耐心地一一为其做了回答。王加俭十分认真地听着我说，表情越来越兴奋，说话也越来越激动起来了。此时，这位万二村出了名的贫困户中的“难缠户”，突然说了一番话深深震撼了我的心。他说：“原来我对你们反复来我这一直不满意的，今天我跟你吴书记谈了这些，我非常满意，我听你的，你让我脱贫有信心了！”看着这位因病致贫的贫困户原本灰黄的脸上，因为有了希望而兴奋和激动得泛出了红润，我心里很是欣慰起来，也更加认识到扶贫工作的实质与肩上不轻的担子！

三、把贫困户冷暖挂在心间，为扶贫工作须舍得小家

在扶贫的日子里，对于一些十分困难而急需帮助的贫困户和困难村民，我会把他们当作自己的家人，用心去倾听，用情去帮助。

为关心九十岁高龄的贫困户老人汪灶玉，我克服右腿严重关节炎困难，多次前往高山之巅朝阳组去看望，并带上自己购买的奶粉、蜂蜜给老人。我拉着老人的手，嘘寒问暖拉家常，看着她我就仿佛在看着自己年迈的母亲一样。

为村里癌症患者汪庆渭治疗，我联系了黄山市人民医院帮助解决住院问题。为村里因脑溢血致残的小伙子吴昌华，我和乡村干部积极为他申请了五保，并联系上当年在中学当老师带过的学生，中国科技大学第一附属医院神经外科知名专家，帮助其问诊并给予日常护理指导。2018 年 9 月中旬，贫困户王家明白血病复发，急需从县医院送到市医院住院治疗。我于次日一早，赶到市医院血液科联系住院一事。下午 4 点多，救护车才把王家明送到市院。王家明爱人是严重智障，无法前来，只有他在万二村的姐姐和刚刚上初中的儿子前来，陪同来的王家明的姐夫把王家明送到后办完了入住手续就走了。王家明姐姐是个大字不识的农村妇女，一下急得把我紧紧拽住说："吴书记，我一个人什么都不知道怎么办?"我马上安慰她："不急，我在这，没事的。"我一边把王家明安顿下来，一边陪着王家明姐姐到血液科把病人

治疗用药前的七八份表格填写完毕，直看到护士把输液水挂上，慢慢地滴入王家明身体后，我的心才踏实下来。当时我的父亲恰巧也在血液科住院，我便喊来陪护我父亲的妹妹前来一起帮助，同时为王家明一家买来了饭菜。直忙到晚上快八点，待王家明一家吃好后，看到王家明静静地安睡了才离开。王家明去世后，他的患有严重智障的妻子带着一个读初中的孩子王新海，该户也是万二村 2019 年的最后一户预脱贫户。为此，我一方面努力帮助王新海解决了孤儿待遇，另一方面联系黄山市广播电视台旅游交通广播，通过旅游交通广播，爱心听众两次为王新海同学共捐款 1.6 万元。

为了脱贫攻坚，同样需要难忍的放弃。

那是在 2017 年 10 月，我妻子在去屯溪一中上班途中，骑电动车不慎摔倒，腿骨骨裂。正值扶贫任务繁重，我一直到第三天下午才赶到医院陪护。而就在陪护的那个晚上，我的学生、上海师范大学天华学院管理学院院长程葆青打我电话，用了差不多一个小时商谈上海师范大学天华学院与万二村共同创办旅游扶贫合作基地的事。时间紧，第二天中午我就把妻子丢给了妹妹赶回了万二，埋头准备签约仪式的各项准备工作。

2018 年 8 月底，我 87 岁高龄的父亲，由于 5 年前主动脉夹层手术引起血液不凝，突然胃大出血，一送进医院就下了病危通知书。当时我赶到医院陪护了一夜，次日村里有事又匆匆赶回了村里。可就在赶到村里的当晚深夜，妻子从医院发来微信和图像以及医生的话，说父亲已处于神志昏迷，持续高烧，很可能过不了这关了。医院再次下了病危通知。已是深夜 12 点，我只能第二天赶回去。我当时人都木了似的，坐在床上发呆了好一阵,阵阵酸楚涌上心头,心里在想,可能见不到父亲生前最后一面了,边想边找来黑色和白色的衣裤,准备明天带回去以备万一之需。好在当我第二天请假赶赶到医院时,我父亲竟奇迹般地好转起来。这次我还是只陪了一晚后又把父亲交给了弟弟妹妹,第二天又赶回了万二。父亲最终还是由于胃大出血,于2019年8月去世,在为老父亲办丧事期间,我依然在与欲投资万二旅游的开发商洽谈。

2020年7月的一天,我突然出现无痛全程血尿,情况非常严重,在从村里赶回市医院全面检查时,在尿细胞检查中发现"疑似癌细胞"。可就在次日,由我一手操办的"歙县教育书画研究会万二村创作基地挂牌暨文化扶贫仪式"活动将举行。我强忍着内心巨大的压力赶回到村里,待仪式顺利完成后,拖着极度虚弱的身子住进了医院……

三年来,我的驻村扶贫工作,得到了市、县扶贫开发领导小组的充分肯定,连续三年取得考核"优秀"等次,荣立三等功,被市委通报表彰,并被评为"歙县优秀帮扶干部""歙县最美帮扶干部",获得黄山市"黄山好人"(敬业奉献类)荣誉称号。

三年的扶贫,让我深刻地感受到,扶贫,是一种信念,是一项事业;扶贫,要有奉献,更要有责任与担当。2020年是脱贫攻坚收官之年,我将牢记使命,奋勇担当,把扶贫当作崇高的事业继续做下去。能够加入新中国历史上具有划时代意义的伟大的扶贫脱贫攻坚队伍,是我们的幸运。请组织放心,我们将坚定地走下去,完成使命,坚决打赢脱贫攻坚战;等若干年之后,面对我们的孙辈,我们可以无愧而骄傲地告诉他们,你们的爷爷奶奶、外公外婆,曾经参加了那场轰轰烈烈的、为改变中国农村贫困状况的全国总动员行动!